新媒体
短视频
运营从入门到精通

叶飞◎编著

清华大学出版社

北 京

内 容 简 介

本书通过10类短视频专题内容，180多个干货技巧，系统地讲解了账号定位、粉丝画像、文案标题、主播养成、直播技巧、直播带货、私域流量、引流吸粉、数据分析、超级营销等内容，帮助读者通过一本书就能掌握短视频的多项运营技巧，轻松玩转短视频，提高短视频变现的效率和收益。

本书不仅适合初入短视频行业的运营者，帮助其快速掌握短视频的运营技巧，开启短视频的运营之路；更适合拥有一定运营经验的运营者，提高其数据分析、营销变现的能力，快速提高短视频的引流和吸粉能力，从而更加快速地实现短视频变现。

本书封面贴有清华大学出版社防伪标签，无标签者不得销售。

版权所有，侵权必究。举报：010-62782989，beiqinquan@tup.tsinghua.edu.cn。

图书在版编目(CIP)数据

新媒体短视频运营从入门到精通/叶飞编著. —北京：清华大学出版社，2021.3（2022.11重印）
ISBN 978-7-302-57507-8

Ⅰ.①新…　Ⅱ.①叶…　Ⅲ.①网络营销　Ⅳ.①F713.365.2

中国版本图书馆CIP数据核字(2021)第026999号

责任编辑：张　瑜
封面设计：杨玉兰
责任校对：王明明
责任印制：宋　林
出版发行：清华大学出版社
　　　　　网　　　址：http://www.tup.com.cn, http://www.wqbook.com
　　　　　地　　　址：北京清华大学学研大厦A座　　邮　　编：100084
　　　　　社 总 机：010-83470000　　　　邮　　购：010-62786544
　　　　　投稿与读者服务：010-62776969, c-service@tup.tsinghua.edu.cn
　　　　　质量反馈：010-62772015, zhiliang@tup.tsinghua.edu.cn
印　装　者：涿州市般润文化传播有限公司
经　　销：全国新华书店
开　　本：170mm×240mm　　　印　　张：15.25　　　字　　数：290千字
版　　次：2021年3月第1版　　　印　　次：2022年11月第2次印刷
定　　价：59.80元

产品编号：089076-01

近年来，随着短视频行业的迅速发展，市面上涌现出各类短视频平台，短视频成为现在人们每天必刷的娱乐项目。

在这种形势下，各行各业的人开始转入短视频行业，入驻短视频平台。但是，许多个人和企业只是粗略地了解短视频的制作方法，对于短视频的运营以及其他内容却很难有一个较为系统的认识。例如：如何给账号做定位？如何提高账号的权重？如何分析粉丝的专属画像？怎样撰写文案标题？如何培养主播？打造万人直播间有哪些小技巧？如何直播带货？怎样打造独有的私域流量池？引流吸粉有哪些策略？如何分析账号数据？变现的方法有哪些？以上各种问题，从事短视频行业或想要了解短视频行业的读者都可以在本书中找到答案。本书以短视频为核心，以短视频运营和商业变现为根本出发点。

全书通过以下10章内容对短视频运营的相关知识点进行了全面的解读，具体如下。

第1章：介绍了如何定位账号、设置账号，并且介绍了提高账号权重、获取更多流量的技巧，以及养号期间如何避免账号被降权的方法。

第2章：主要介绍了垂直领域的细分以及用户画像，通过分析粉丝画像，找到视频内容定位，选取适宜的素材。

第3章：介绍了撰写文案标题的相关技巧，从了解文案的基础知识到文案标题的写法技巧，还有12种吸睛短视频的标题套路。

第4章：介绍了主播的修炼之路，从主播入门的准备工作，讲到主播的个人定位以及主播需要具备的11项专业素质。

第5章：介绍了开通直播的方法和直播过程中提高直播质量的技巧，从锻炼口才、即兴表达、构思安排3个方面讲解直播技巧。

第6章：介绍了直播"种草"的必备因素、5大玩法、主要策略，利用大量案例为大家讲解"种草"的相关知识。

第7章：介绍了私域流量以及从视频号引流的方法，包括沉淀流量、维护账号粉丝以及分析变现产品的特点等内容，帮助运营者打造私域流量池。

第8章：介绍了短视频引流吸粉的策略，包括了14大爆发引流方法、4个IP引流方法以及 6 个吸粉技巧。

第 9 章：介绍了抖音号、快手号、B 站的短视频数据分析方法，帮助运营者用数据驱动用户、促进收益的增长。

第 10 章：介绍了短视频变现的方法，从商品广告变现、借助粉丝变现、利用 IP 变现 3 个方面详细作出了说明。

特别说明，本书是笔者在自身运营基础上提炼出来的技巧，虽然核心内容具有广泛的适用性，但是因为每个运营者在运营过程中所面临的具体情况各不相同，部分细节可能会与书中内容有一些差异。所以，在学习本书的过程中，各位短视频运营者还需要重点掌握相关的运营技巧，并结合自身的实际情况，找到更适合自己的短视频运营方式。

由于作者水平有限，书中难免有疏漏之处，恳请读者批评指正。

编　者

目 录

第1章

找准账号定位：快速获取精准流量

学前提示

　　在做一件事情之前一定要先找准方向，只有这样才能有的放矢，做短视频运营也是如此。那么，如何找准短视频账号的运营方向呢？其中一种比较有效的方法就是找准精准的账号定位。本章笔者将从4个方面为大家介绍如何找准账号定位以及如何获取更多流量。

要点展示

- 做好账号定位，赢在起跑线上
- 快速设置账号，细节不可忽略
- 提高账号权重，获取更多流量
- 养号期间注意，避免账号被降权

1.1 做好账号定位，赢在起跑线上

短视频账号定位就是为短视频账号的运营确定一个方向，为内容发布指明方向。那么，如何进行短视频账号的定位呢？笔者认为，大家可以从以下 4 个方面进行思考，这一节就来分别进行解读。

1.1.1 短视频定位一，根据自身专长

对于自身具有专长的人群来说，根据自身专长做账号定位是一种最直接、最有效的方法。短视频账号运营者只需对自己或团队成员进行分析，然后选择某个或某几个专长进行账号定位即可。

为什么要选取相关专长作为自己的定位？如果你今天分享视频营销，明天分享社群营销，那么关注社群营销的人可能会取消关注你，因为你分享的视频营销他不喜欢，反之也是如此，"掉粉率"会比较高。记住一点，账号定位越精准、越垂直，粉丝越精准，变现越轻松，获得的精准流量就越多。

例如，"手机摄影构图大全"抖音号的创始人构图君对于手机摄影非常精通，因此这个抖音号的定位就以他自己的摄影专长为主，发布了大量的手机摄影构图知识，吸引了近 20 万粉丝关注，如图 1-1 所示。

图 1-1　"手机摄影构图大全"的抖音号

又如，"陆高立教你销售"抖音号的创始人陆高立非常擅长做营销，因此他将这个抖音号定位为分享成交技巧和营销策略类账号，分享了大量超级实用的销售干货，这些短视频让他快速地积累了近 30 万粉丝，如图 1-2 所示。

图 1-2　"陆高立教你销售"的抖音号

　　自身专长包含的范围很广，除了手机摄影构图、营销策略等技能之外，还包括其他诸多方面。例如，抖音短视频上一位名叫"诺思星电商培训"的运营者，他将自己的账号定位为分享短视频直播带货方法的账号，并分享了大量的短视频直播带货的方法，如图 1-3 所示。

图 1-3　"诺思星电商培训"的抖音号

　　由此不难看出，只要短视频运营者或其团队成员拥有专长，而该账号发布的相关内容又比较受欢迎，那么，将该专长作为账号的定位，便是一种不错的定位方法。

1.1.2 短视频定位二，根据用户需求

通常来说，用户需求的内容更容易受到欢迎。因此，结合用户需求和自身专长进行定位也是一种不错的定位方法。

例如，大多数女性都有化妆的习惯，但又觉得自己的化妆水平还不是很高，因此，这些女性通常会对美妆类内容比较感兴趣。在这种情况下，短视频运营者如果对美妆内容比较擅长，那么，将账号定位为美妆账号就比较合适了。

笔者纵观快手与抖音的接单红人类型，除了美妆之外，短视频平台用户普遍需求的内容还有很多，如搞笑、舞蹈、音乐、美食等内容都名列前茅，如图1-4所示。

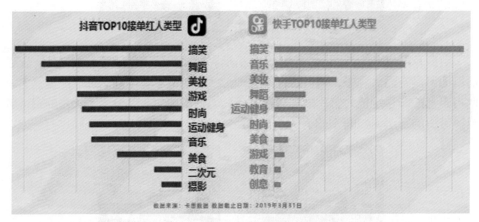

图1-4 快手与抖音的接单红人类型

再如，许多用户，特别是比较喜欢做菜的用户，通常会从短视频中寻找一些新菜式的制作方法。因此，如果短视频运营者自身就是厨师，或者会做的菜式比较多，或者特别喜欢制作美食，那么将短视频账号定位为美食制作分享类账号就是一种很好的选择。

譬如，抖音上的"贫穷料理"就是一个定位为美食制作分享的账号。在该账号中，短视频运营者会通过视频将一道道菜从选材到制作的过程进行全面呈现，如图1-5所示。

因为该短视频账号分享的短视频将美食的制作过程进行了比较详细的展示，再加上许多菜式都是短视频用户想要亲手制作的，所以其发布的视频内容很容易就获得了大量的播放量和点赞量。

图1-5　"贫穷料理"的视频

1.1.3　短视频定位三，根据内容类型

如何让你的账号变成"爆款"账号，持续打造爆款视频呢？首先要做的就是找准内容方向，然后找准视频输出的方式。

短视频运营者可以通过为受众持续性地生产高价值的内容，从而在用户心中树立权威，增强他们对你的信任度和忠诚度。

运营者在自己创作内容时，可以运用以下技巧，轻松打造持续性的优质内容，如图1-6所示。

运营者自己创作内容的技巧

- 做自己真正喜欢和感兴趣的领域
- 做更垂直、更差异化的内容，避免同质化内容
- 多看热门推荐的内容，多思考总结他们的亮点
- 尽量做原创的内容，最好不要直接搬运

图1-6　运营者自己创作内容的技巧

运营者需要注意的是，账号定位的是目标客户群体，而不是定位内容。因为短视频平台的内容是根据我们的目标客户群体来定位、制作的，不同的客户群体

喜欢不同的内容，所以我们还是要有布局思维，把账号定位与目标客户群体串联起来。

短视频运营者还可以通过自身的内容展示形式，让自己的账号内容，甚至是账号，具有一定的稀缺性。例如，"会说话的刘二豆"定位为一个分享猫咪日常生活的账号，经常会发布以两只猫咪为主角的短视频内容。

如果只是分享猫咪的日常生活，那么只要是养了猫咪的短视频运营者就可以做。但"会说话的刘二豆"的独特之处在于猫咪张嘴叫出声时，她会同步配上一些字幕和配音，如图1-7所示。

图1-7　"会说话的刘二豆"的短视频

这样一来，猫咪说的话就是字幕打出来的内容，而结合字幕和猫咪在视频中的表现，就会让用户觉得猫咪十分调皮可爱。

1.1.4　短视频定位四，根据品牌特色

根据品牌特色做定位又可以细分为两种方法：一是以能够代表企业的卡通形象做账号定位；二是以企业或品牌的业务范围做账号定位。

例如，"三只松鼠"就是一个以能够代表企业的卡通形象做账号定位的短视频账号。在这个账号中经常会分享一些以"三只松鼠"的卡通形象作为主角的短视频内容，如图1-8所示。

熟悉"三只松鼠"这个品牌的人群，都知道这个品牌的卡通形象和LOGO就是视频中的这三只松鼠。因此，"三只松鼠"的视频便具有了自身的品牌特色，而且这种通过卡通形象表达的内容更容易被人记住。

图 1-8　"三只松鼠"的短视频

又如，"华为"是以品牌的业务范围做账号定位的短视频账号，在这个账号中，运营者经常会分享一些以"华为"手机功能作为核心的视频，如图 1-9 所示。

图 1-9　"华为"的短视频

1.2　快速设置账号，细节不可忽略

试想一下，用户在刷短视频时，通常是利用碎片化的时间快速浏览，当他浏览到一个页面的时候为什么会停下来？他停下来的根本原因是被表面的东西吸

引了，那么表面的东西是什么呢？它主要包括账号对外展示的名字、头像、简介和标题等。

1.2.1 快速注册账号，确定账号类型

下面笔者为大家介绍抖音号和快手号的账号注册方法。

1. 抖音号

抖音是当下最热门的短视频 App，它会根据用户的地理定位、年龄和喜好不断地优化自己的算法，从而不断贴近用户的审美和偏好。很显然，抖音通过以下几个运营技巧走在了短视频行业的前列。

- 原创及其原创支持，原创工具及其以粉丝为基本 KPI（Key Performance Indicator，关键绩效指标）的标准机制。
- 把握用户从众心理，从众心理（conformity behaviour）就是推广势能，就是广告空间，就是内在动力。
- 强大的社交机制，抖音 App 兼具微博和微信的社交功能，如"发现""关注""消息"等。
- 视频简洁明了，抖音采用 15 秒的短视频机制，记录生活中灵感爆发的瞬间。

在了解抖音的运营机制之后，运营者开始注册抖音账号。抖音的账号注册比较简单，运营者可以直接用手机号进行验证登录，如图 1-10 所示。同时，运营者也可以使用第三方平台账号进行登录，如图 1-11 所示为用头条号进行授权登录。

图 1-10　抖音登录　　　　　　图 1-11　用头条号进行授权登录

2. 快手号

快手号的注册与抖音一样，快手也无须进行相关的注册操作，只需用手机号和相关平台的账号，即可登录快手平台，如图 1-12 所示。

图 1-12　快手登录界面

1.2.2　账号加"V"，显示效果更好

运营者要想在短视频平台上占据一方阵地，还必须进行认证。运营者可以在短视频平台的"设置"界面中选择"账号与安全"选项，申请加"V"，如图 1-13 所示。

图 1-13　抖音（左）和快手（右）账号加"V"

申请之后只需要等待官方的审核即可，只要你的资料属实，审核会很快通过的。审核通过后，就会在个人资料里显示官方认证的字样了。抖音个人认证为黄色的"V"，企业机构认证为蓝色的"V"，如图1-14所示。

图1-14　抖音个人（左）和企业机构（右）账号加"V"

快手个人认证为红色的"V"，企业机构认证为蓝色的"V"，如图1-15所示。

图1-15　快手个人（左）和企业机构（右）账号加"V"

同样的内容，不同的账号发出来的效果是完全不一样的，尤其是认证的账号和没有认证的账号，差距非常大，为什么会出现这种情况呢？因为短视频平台在给你一定流量和推荐的时候，其实也会衡量你的账号权重。

做过今日头条的运营者就会发现，老账号的权重和新账号的权重，以及开了原创和没有开原创的账号，它们的差别很大。在短视频上面也是一样的，一个没有加"V"的账号很难超过一个加"V"的账号，因此账号包装非常重要。当你注册账号后，即使是付费，也要让你的账号绑定一个认证的微博，同时你的账号也会显示加"V"。

1.2.3　利用名字优势，命名简单易记

短视频账号的名字需要有特点，而且最好和定位相关。下面以抖音平台为例，具体操作步骤如下。

步骤 01　登录抖音短视频 App，进入"我"界面，点击界面中的"编辑资料"按钮，如图 1-16 所示。

步骤 02　进入"编辑资料"界面，选择"名字"选项，如图 1-17 所示。

图 1-16　点击"编辑资料"按钮

图 1-17　选择"名字"选项

步骤 03　进入"修改名字"界面，在"我的名字"文本框中❶输入新的昵称；❷点击"保存"按钮保存，如图 1-18 所示。

步骤 04　操作完成后，返回"我"界面，可以看到此时账号名字已经完成了修改，如图 1-19 所示。

图1-18 "修改名字"界面

图1-19 完成名字的修改

在设置账号名字时有3个基本的技巧，具体如下。

● 名字不能太长，太长的话，用户不容易记忆。

● 名字尽量不要用生僻字或过多的表情符号。

● 最好能体现人设感，即看见名字就能联系到人设。人设包括姓名、年龄、身高等人物的基本设定，以及企业、职位和成就等背景的设定。

这样的话，平台用户一看就知道你是做什么的，如果他对你的业务有相关需求，便会直接关注你的账号。

1.2.4 设置账号头像，展现独特之处

除了账号的名称能够代表你之外，头像也是你的另一张名片，所以账号的头像也需要设置得有特点，必须展现自己吸引人的一面，或者展现企业的良好形象，能够让人一眼就记住你，或能够让人一看到你的头像就想起你。

在设置账号头像时有3个基本的技巧，具体如下。

● 头像一定要清晰，清晰的头像在视觉上给人一种舒适的感受，例如，抖音号"星空下的王老飞"的头像就设置得很清晰，如图1-20所示。

● 个人人设账号一般使用账号运营者本人的肖像作为头像，例如，抖音号"周圣超"的头像，如图1-21所示。

● 团体人设账号可以使用代表人物形象作为头像，或者使用公司名称、LOGO等标志。

图 1-20 抖音号"星空下的王老飞"的头像

图 1-21 抖音号"周圣超"的头像

　　短视频运营者可以进入账号的"编辑资料"界面，通过相册选择或拍照选择头像即可进行修改。

1.2.5　添加个人简介，最好简单易懂

　　除了头像、昵称的设置之外，短视频运营者还可以在"编辑个人资料"界面中填写性别、生日 / 星座、所在地和个人介绍等个人资料。

在这些资料中，短视频运营者需要注意的是账号简介，其主要原则是"描述账号＋引导关注"，基本设置技巧如下。

● 前半句描述账号特点或功能，后半句引导关注，一定要明确地出现关键词"关注"，如图1-22所示。

● 运营者可以在简介中巧妙地推荐其他账号，但不建议直接出现"微信"二字，如图1-23所示。

图1-22　在简介中引导关注

图1-23　在简介中巧妙地推荐其他账号

● 简介可用多行文字，但一定要在其中出现"关注"两字，如图1-24所示。

图1-24　在简介中出现"关注"两字

1.2.6 上传个人封面，展示吸粉特质

短视频封面决定了用户对账号作品的第一印象，笔者建议运营者必须结合要输出的内容来展现封面特点，基本技巧如图 1-25 所示。

封面设置基本技巧 —包括→

- 能发封面图的一定要做封面图，比如剧情类、实用知识类视频

- 能在封面图上做标题的，一定要加上标题，用字体、颜色或者字号的变化来突出主题，一方面可以吸引用户阅读，另一方面还能方便用户选择和点击

- 封面图最少 22 帧，一般时间留够 1 秒即可，也可以专门针对那一秒的视频做一些效果处理，让它更适合作为封面图

- 封面图的背景要干净，颜色尽量单一，并能产生一定的视觉冲击力

图 1-25 封面设定的基本技巧

另外，短视频运营者可以将抖音的默认封面设置为动态展现效果，以此能够吸引更多用户点击观看。运营者只需要进入"设置"|"通用设置"页面，打开"动态封面"开关即可，如图 1-26 所示。

图 1-26 设置动态封面

1.2.7 拟定视频标题，尽量短小精悍

短视频平台的内容标题不宜太长，通常要在两行内结束，如图 1-27 所示。用户可以在标题的最后 @ 抖音小助手，如果被它看到并且你的内容足够好，就有机会上精选，如图 1-28 所示。

图 1-27　抖音短视频标题

图 1-28　标题中 @ 抖音小助手

1.2.8 其他信息填写，提高吸引力度

除了名字、头像、简介、封面和标题之外，短视频账号运营者还可以对学校、性别、生日和地区等账号信息进行设置。这些资料只需进入"编辑个人资料"界面便可以直接进行修改。

在这 4 类账号信息中，学校和地区相对来说更重要一些。学校的设置，特别是与账号定位一致的学校信息的设置，能让用户觉得账号运营者更加专业，从而提高账号内容对用户的吸引力。而地区的设置，则能更好地吸引同城短视频用户的关注，从而提高账号运营者旗下实体店的流量。

以抖音短视频 App 设置学校为例，具体操作步骤如下。

步骤 01 登录抖音短视频 App 后，进入"我"界面，点击"编辑资料"按钮，进入"编辑个人资料"界面后，点击"学校"后方的"点击设置"按钮，如图 1-29 所示。

步骤 02 操作完成后，进入"添加学校"界面，如图 1-30 所示。在该界面中，抖音运营者可以对学校、院系、入学时间、学历和展示范围进行设置。

图 1-29 点击"点击设置"按钮

图 1-30 "添加学校"界面

步骤 ③ 信息设置完成后，❶点击界面上方的"保存"按钮。操作完成后，弹出学校信息修改提示框；❷点击对话框中的"提交"按钮，如图 1-31 所示。

步骤 ④ 操作完成后，将自动返回"编辑个人资料"界面，如果此时学校后方出现了相关信息，就说明学校信息设置成功了，如图 1-32 所示。

图 1-31 弹出学校信息修改提示框

图 1-32 学校信息设置成功

1.3 提高账号权重，获取更多流量

短视频账号在运营的过程中，需要通过养号来提高账号的权重，从而让账号获得更多的流量。那么，如何提高账号的权重呢？本节笔者将为大家介绍 3 种

方法。

1.3.1　用移动数据登录几次

用手机移动数据登录几次账号，这个操作是必须要做的。如果你的手机连了Wi-Fi，你可以在养号阶段适当地断掉 Wi-Fi 连接，用手机移动数据刷一下短视频，这样可以防止系统判定你的账号为营销号。

通过不断切换 Wi-Fi 和手机移动数据来连接网络，可以让系统知道你的账号是一个正常的活跃账号，从而给你更多的流量推荐，提升账号的权重，这样发布的作品上热门的概率会更大。

1.3.2　刷首页推荐同领域内容

刷首页推荐，找到同领域的内容也是一种有效的加权动作。有的人问看不见同领域的内容怎么办。

比如，你做的是非常冷门的一个领域，这个领域不一定能得到首页推荐的内容，那么你只要搜索这个领域的关键词就可以了。比如做家纺的，可以搜家纺、被罩、窗帘、被单、枕头等关键词。通过搜索关键词，可以快速地找到与该领域相关的内容，然后点击进去观看就可以了。

又如，在抖音的搜索界面输入"家纺"，下面会出现与它相关的关键词，我们可以点击想看的关键词，进入后就可以看到相关内容了，用户可以查看其他做家纺领域的内容，如图 1-33 所示。

图 1-33　"家纺"领域的相关内容

专家提醒

　　翻一翻抖音的热搜榜单也可以达到账号加权的目的。例如，在抖音的搜索界面中有一个"猜你想搜"板块，该板块会显示抖音用户近期经常搜索的内容。

　　翻看该内容，我们可以了解广大抖音用户感兴趣的内容主要有哪些，然后通过将这些内容和自身定位相结合，来打造更加吸引粉丝的短视频。

1.3.3　让系统记住你的位置和领域

　　刷同城推荐，让系统记住你的位置和领域可以让你的账号加权。养号阶段刷同城推荐内容是很有必要的。系统会通过你刷同城推荐获取你的真实位置，从而判断你的账号并非在用虚拟机器人进行操作。

　　哪怕同城上没有同领域的内容，你也要刷一刷、看一看。这个是能够让系统记住你真实的位置，避免误判你是一个虚拟机器人的有效操作。因为系统是严格打击机器人操作的，这样做能有效地避免系统误判。

　　以抖音为例，进入短视频平台之后，只需点击"同城"模块，便可以进入"同城"界面。"同城"界面的上方通常会出现同城直播，向上滑动页面，还可以看到许多同城的短视频。另外，系统会根据你所在的位置，自动进行定位。如果定位不准确，或者需要将地点设置为其他城市，可以进入"选择地区"进行选择，让系统记住你的位置，如图 1-34 所示。

图 1-34　设置位置

维持短视频平台正常的使用频率，能够让系统明白你的账号是正常运营的。而对于正常运营的活跃账号，短视频平台官方是会进行鼓励的。

　　当然，使用短视频平台也应该有节制，如果每天的使用时间过长，比如，一天刷短视频超过了 12 小时，那么系统可能也会将该账号断定为非正常运营。

1.4　养号期间注意，避免账号被降权

　　在运营短视频的过程中，有一些行为可能会受到降权的处罚。因此，在运营过程中，特别是在养号期间，一定要尽可能地避免。这一节就来和大家介绍可能会让短视频账号降权的 3 种行为。

1.4.1　频繁更改账号信息

　　养号阶段最好不要频繁地更改账号的相关信息，因为这样做不但可能让你的账号被系统判断为非正常运营，而且在修改信息之后，由人工进行审核还会增加短视频平台相关人员的工作量。

　　当然，一些特殊情况修改账号信息还是有必要的。

● 　注册账号时，为了通过审核，必须要对账号的相关信息进行修改。

● 　系统消息告知你的账号信息中存在违规信息，为了使账号能够正常运营，此时就有必要根据相关要求进行相应的修改。

　　如果你用同一 Wi-Fi 登录多个账号，那么系统很可能会认为你同时在运营几个短视频账号，甚至会认为你是在用虚拟机器人运营账号，这很可能会被判定为运营异常而受到降权处罚。

1.4.2　养号期间随意发视频

　　养号期间短视频平台会重新审视你的账号权重，此时最好不要随意发视频。如果你发的视频各项数据都不高，那么，短视频平台就会认为你的视频质量比较差，从而对你的账号进行降权处理。

　　因此，在养号期间，我们要重点发布一些优质的内容，让系统认为你是一个优质的短视频创作者。例如，抖音号"陆高立教你销售"账号在刚开始建号的时候，发布的视频"即兴演讲万能公式"就是一条优质视频，点赞达到了 13.5W，转

发达到了 2.2W，评论 1416 条，这对于一个处于养号期间的账号来说已经是非常好的成绩了，如图 1-35 所示。

图 1-35　抖音号"陆高立教你销售"账号发布的优质视频

专家提醒

　　大多数人打开短视频平台之后，即便因为某些事情暂时不用了，也不会退出之后马上又登录。因此，如果你频繁地登录又退出账号，那么系统自然而然就会认为你是在用虚拟机器人进行操作。

1.4.3　频繁地重复同一行为

　　有的短视频运营者想要提高账号的活跃度，又不想花太多时间，于是选择频繁地重复某一行为。比如，有的短视频运营者对他人的视频进行评论时，都是写："真有意思！"需要注意的是，当你重复用这句话评论几十次之后，系统很有可能会认为你的账号是在用机器人进行操作。

　　因此，我们在回复用户评论的时候，需要多花点心思，用不同且有意思的内容，来提升用户评论的积极性。

　　例如，抖音号"星空下的王老飞"在自己发布的短视频里对每个用户的评论都给予了不同的回复，让粉丝觉得他在很用心、很认真地与大家进行互动，因此粉丝也会更积极地去评论和回复，如图 1-36 所示。

图1-36　某抖音账号的评论回复

专家提醒

　　在运营短视频的过程中，最好是"1机1卡1号"。也就是说，一个手机中只有一张手机卡，这张手机卡只运营一个短视频账号。

　　如果你用同一个手机注册多个短视频账号，那么系统极有可能会判定你在用虚拟机器人同时运营多个账号。

第 2 章

专属粉丝画像：分析用户人群

学前提示

　　不是每个人都是"大V"，但不想成为"大V"的短视频运营者不是优秀的短视频运营者。虽然大部分视频只有15秒，但很多时候并不是简单的15秒，而是短视频运营者权衡垂直领域、用户画像、视频素材之后努力的结果。

要点展示

- 垂直领域细分，更易脱颖而出
- 了解用户画像，分析具体特征
- 视频内容定位，选取适宜素材

2.1 垂直领域细分，更易脱颖而出

从一个短视频平台新号开始，不管是个人号还是企业号，首先我们要定位的就是原创号，自己创作视频，最好不要直接搬运，这是最基本的要求。接着就是做好账号定位，账号定位直接决定了涨粉速度、变现方式、赚钱多少、赚钱的难易程度以及引流的效果，同时也决定了内容布局和账号布局。

2.1.1 结合主观客观，深度分析竞品

竞品主要是指竞争产品，竞品分析就是对竞争对手的产品进行比较分析。在做短视频的账号定位时，竞品分析非常重要。如果该领域的竞争非常激烈，除非你有非常明确的优势，能够超越竞争对手，否则不建议进入。竞品分析可以从主观和客观两方面同时进行，如图 2-1 所示。

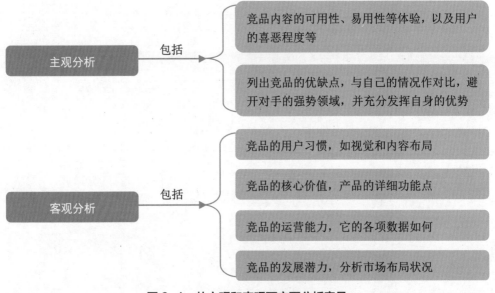

图 2-1 从主观和客观两方面分析竞品

 专家提醒

运营者在做竞品分析时，同时要作出一份相应的竞品分析报告，内容包括体验环境、市场状况、行业分析、需求分析、确定竞品、竞品对比（多种分析方法）、商业模式异同、业务／产品模式异同、运营及推广策略，以及结论等。

竞品分析可以帮助运营者更好地找到内容的切入点，而不是竞争对手做什么内容，自己就跟着做什么内容，这样做最终会走入内容严重同质化的误区。

所以，运营者一定要多观察同领域的热门账号，及时地了解对手的数据和内容，这件事需要运营者持之以恒地去做，可以有效地提升自己账号的竞争优势。即使运营者不能击败自己的竞争对手，也一定要向他学习，这将帮助运营者更有效地做好自己的短视频定位和运营优化。

2.1.2　吸引目标人群，内容深度垂直

做深度内容，说白了，就是只更新与你当前定位的领域相关的内容，在这个短视频账号上不会分享其他领域的内容。

为什么只更新深度内容？还是那句话：什么样的定位，吸引什么样的目标人群。所以，我们有什么样的定位，直接决定了我们要更新什么样的内容，也决定了短视频账号的运营方向，以及我们最终该靠什么赚钱，这些都是由账号定位决定的。

例如，"懒饭"是由一款叫"懒饭美食"的菜谱大全 App 注册的抖音 IP，这个名字顾名思义就是教懒人做饭。现在很多年轻人都觉得做饭很麻烦，而这个"懒饭"短视频账号就推出了一系列简单易学的做饭教程，从这个 IP 的粉丝量上我们就可以看出该账号深受广大美食爱好者的喜爱，如图 2-2 所示。

图 2-2　"懒饭"抖音号

同时，"懒饭"在变现环节也是依靠抖音的商品橱窗功能，出售与做饭和美食相关的各种餐具和美食，用户可以在抖音上选择商品直接跳转到淘宝店铺购买，从而实现内容变现，如图 2-3 所示。

图 2-3 "懒饭"抖音商品橱窗

所以，深度内容是校正账号定位最重要的环节，成败在此一举。同时，垂直定位和深度内容也是运营者能够持续更新优质原创视频的两个核心因素。运营者做好定位后，内容就非常容易分享了，至少你的短视频内容方向已经确定了，不会再迷茫。短视频运营者可以根据自己的行业、领域，进行短视频账号的定位，从而找到自己的深度内容。

2.1.3　紧跟用户喜好，积极参与互动

短视频平台的账号定位是方向（战略），深度内容是细节（落地），而获得用户欢迎才是最关键的因素。在短视频平台上火的内容，首先具备的条件就是符合短视频平台规则的原创内容。

接着要具备的第二个条件就是受用户欢迎，且具有参与感、"吐槽感"和互动感的内容。用户不喜欢的内容，基本上比较难火。比如好玩、有趣和实用等都是很好的内容方向，至于你到底适合哪个方向，则要看你的账号定位。

如果短视频运营者分享的是一些技能或教学技巧方面的短视频，一定要简单、实用，不能太复杂，越简单传播越广。另外，这个方法或者经验最好是首次分享，则更容易火起来，几十万、上百万播放量都很轻松，多的可能会有上千万的播放量，甚至亿级播放量都是很容易突破的。

因此，短视频运营者一定要多看热门视频，不要光靠自己想，光想没用。在短视频平台上，几十万粉丝的账号非常多，千万级别播放量的视频也很常见，这没什么稀奇的，也没什么好怀疑的。

如图 2-4 所示，为抖音某账号在抖音上发布的一些关于剪纸的小技巧，剪出来的小玩意儿在生活中既好看又实用，其点赞量高达几十万，甚至上百万。

图 2-4　抖音某账号发布的短视频

做短视频运营除了要知道推荐规则之外，还要知道哪些人爱看爱玩，否则你拍了短视频都不知道哪些人会看，那就很难取得成功。

很多人觉得看短视频的大部分都是年轻人，以"90 后"和"00 后"居多，但是实际上"70 后""80 后"，甚至"60 后"的人也不少，所以有时候我们的感觉不一定完全正确。因此，短视频运营者只有明白了自己的账号针对的人群特色，才能制定出针对他们的营销方案，制作出他们喜欢的内容。

2.1.4　将 IP 人格化，将自己个性化

被市场验证过的 IP 能与用户建立密切联系和深厚的信用度，并且能实现情感层面的深层次交流，让用户感受到他是和一个人在交流，能得到回应。

1. 如何设计人格化的 IP

这种需求是商业社会发展中的必然趋势，为什么这样说呢？

中国从 20 世纪 50 年代物资匮乏，到现在琳琅满目让人眼花缭乱的商品供应过剩，基本的使用需求已被过度满足，用户有极大的自主选择权。除此之外，人们还想要和提供方对话，实现社交上的满足感。因此，短视频运营者要站在用户的角度，给短视频赋予温度，包装品牌，使得它拥有一个人格化的外壳。这个人格化的外壳，需要借助下面这 4 个维度进行系统的设计。

（1）语言风格：你来自哪里？比如你有没有明显的地方口音，以及你的声调、

音色等。

（2）肢体语言：你的眼神、表情、手势、动作是怎样的？有没有自己的性格，是开放的，还是拘谨的？是安静的，还是丰富的？

（3）标志性动作：有没有频繁地出现辨识度高的动作，这一条大部分需要进行刻意策划，如图2-5所示。

图2-5　出现标志性动作的短视频

（4）人设名字：名字越朗朗上口越好，方便别人记住自己，最好融入一些本人的情绪、性格、爱好等特色，如图2-6所示。

图2-6　融入个人特色的账号名字

上面这些都是聚焦外在认知符号的外壳设计，想要深入人心，就得借鉴一个人内在价值观的展现，接下来我们详细讲解为什么需要设计人格化的 IP。

2. 为什么需要设计人格化的 IP

不管是口头语言、肢体语言，还是人设与外在世界的互动方式，背后都有不同的价值观在支撑。例如，人的性格、价值观、阶层属性（善良、真诚、勇敢、坚韧、奋斗、包容、豁达、匠心、个性、追求极致、上等人、俗人）等，这些都能引起人内心深处的精神共鸣。这是因为人在"万丈红尘"中所追求的，无非就是人格及精神层面上的认同。

不仅短视频作品如此，但凡文化商品，都具有这样的特质，例如故宫衍生品，迎合了人们对传统文化的精神认同感；又如哈利·波特，满足了人们对异想空间的向往。

在我们策划人格化 IP 符号之前，要将你内在层面的东西确立下来，然后在实际运营过程中，不断地反馈调整。人们都期待一个理想化的自我，其实在对短视频平台上各类 IP 的关注和喜爱中，用户往往不知不觉地完成了"理想化自我"的塑造过程。这一点是需要大家花时间深入理解的。

3. 设计人格化的 IP 的过程

对于真正的 IP 意味着：有可识别的品牌化形象、黏性高且大量的粉丝基础、长时间深层次的情感渗透、可持续可变现的衍生基础等特点。短视频塑造优质 IP，需要做好打持久战的准备。因为任何事物品牌化都需要一个过程，在这里我们举一个案例进行说明。

抖音有一个搞笑达人号叫"嘿人李逵"，这个抖音账号拥有 700 多万粉丝。"嘿人李逵"是贝壳视频下的一个头部账号，他们把这个 IP 的打造分成了 3 个阶段，分别是塑造期、成型期和深入期，每一个阶段都制定了不同的内容输出方案。

在塑造期，作品中重点体现的就是"嘿人李逵"的人设和性格特征，所有的内容都会围绕着人设进行打造。经过一段时间的试验，运营者发现粉丝反馈最多的人设标签前三就是"戏精""搞笑"和"蠢萌"。

接下来到了成型期，他们就通过不同的内容来放大这 3 个标签，以此来影响更多的观看人群。经过测试到了深入期，最终确定一个独有的标签作为"嘿人李逵"的主要人设特征。

4. 阶段不同，IP 风格化体系也不同

前文我们举了"嘿人李逵"的例子，来说明抖音 IP 形成的一个阶段性，在不同的阶段，需要我们策划的作品内容体系也是不同的。

对于短视频账号策划及运营人员来说，有的可以完整地参与一个账号的启动

和成长，有的就需要对已成型的账号进行重新规划，这两者的工作内容是完全不同的。维护和经营一个 IP，应按照前期、中期和后期的阶段划分，在内容上有不同的侧重。

在前期，短视频运营者的首要任务就是策划出奇制胜的内容，让更多的用户知道这个账号、看到这个内容。一句话概括就是：吸引目标用户的注意。

在中期，短视频运营者就要不断地对已有的内容体系进行扩容，同时慢慢展现多样化的内容标签，催生账号的成长升级。

在后期，一旦账号步入成熟期，就会遇到瓶颈，这时候就要考虑迭代的问题。

IP 的迭代升级是一个巨大的、有难度的工程，因为有人设定位和粉丝积淀，重新打造 IP 的试错成本就会变得很高，那么在这一阶段，账号与账号之间的合作，就会起到比较好的作用，同时还要进行文化资源上的整合。

通常在这一阶段，许多 IP 都会考虑跨界，做影视、做综艺以及从事其他文化形态的工作，通过跨界以便于 IP 生命力的持续发展。

2.1.5 打造优质视频，持续分享内容

持续分享是最重要的环节！那些有几十万、上百万粉丝的账号，除了定位精准、聚焦行业、更新实用的内容外，最重要的一招就是每天更新至少一个原创优质视频，或者每周更新一个原创优质视频。这才是"涨粉"的关键，否则对于大部分普通人来说，拥有几十万粉丝相对容易，但上百万粉丝就比较难做到了。

2.2 了解用户画像，分析具体特征

在目标用户群体定位方面，抖音是由上至下地渗透，快手主要是草根群体，给底层群众提供发声的渠道。

抖音在刚开始推出时，市场上已经有很多同类短视频产品了，为了避开与它们的竞争，抖音在用户群体定位上做了一定的差异化策划，选择了同类产品还没有覆盖的那些群体。

虽然同为短视频应用，快手和抖音的定位完全不一样。抖音的红火靠的就是马太效应——强者恒强，弱者愈弱。就是说在抖音上，本身流量就大的网红和明星可以通过官方支持获得更多的流量和曝光；而对于普通用户而言，获得推荐和上热门的机会就少得多。

快手的创始人之一宿华曾表示："我就想做一个普通人都能平等记录的好产品。"这个恰好就是快手这个产品的核心逻辑。抖音靠的是"流量为王"，快手是即使损失一部分流量，也要让用户获得平等推荐的机会。

本节笔者主要以抖音和快手平台的用户为例，从年龄、用户数量、性别、地

域分布、职业、消费能力 6 个方面分析短视频平台的用户定位，帮助运营者了解短视频的用户画像和人气特征，更好地作出有针对性的运营策略和精准营销。

2.2.1　粉丝画像其一，年龄占比不同

抖音平台上 80% 的用户在 28 岁以下，其中 20 ～ 28 岁的用户比例最高，也就是"90 后"和"00 后"为主力人群，整体呈现年轻化趋势。这些人更加喜欢新鲜的事物，更加愿意尝试新的产品，这也是"90 后"和"00 后"普遍的行为方式。根据艾瑞指数发布的抖音相关数据显示，抖音平台的用户 24 岁以下和 24 ～ 30 岁的各占了 21% 和 24.2%，人群年龄占比偏向年轻化。

如图 2-7 所示，为艾瑞指数发布的快手相关数据，和抖音数据一对比，我们可以发现，快手平台的用户 24 岁以下和 25 ～ 30 岁之间的各占了 47.84% 和 30.35%，人群年龄占比更偏向年轻化。

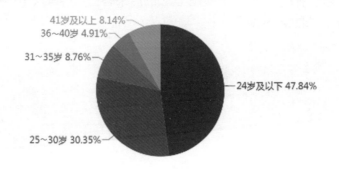

图 2-7　快手使用人群年龄结构数据（数据来源：艾瑞指数）

2.2.2　粉丝画像其二，用户数量不同

可以肯定的是，衡量一款产品用户黏性的重要指标，其中 DAU（日活跃用户）/MAU（月活跃用户）是不可或缺的，在沉浸度相对较高的游戏行业，这一比值通常可达到 0.3 ～ 0.6。

目前，快手和抖音目前的 DAU/MAU 均已达到 0.45，即两者的月活用户中，平均每人每月有 13.5 天（30 天 ×0.45）会使用快手和抖音，这是很可观的用户黏性表现了。如图 2-8 所示，为快手和抖音的 DAU/MAU 对比。

2018 年 1 月中旬，抖音用户量一举超越快手，成为中国第一大短视频平台。2019 年，抖音用户日活量全面超过快手。巨量算数推出的《抖音用户画像》报告显示，截至 2020 年 1 月，抖音的 DAU（Daily Active User，日活跃用户数量）超 4 亿，较 2019 年同期的 2.5 亿，增长幅度达到了 60%。

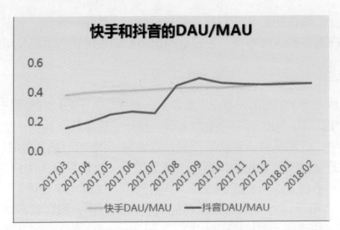

图 2-8　快手和抖音的 DAU/MAU 对比（数据来源：企鹅智酷）

2020 年春节前，快手日活量为 3 亿，而后来居上的抖音以 4 亿的日活量远远超过了快手，如图 2-9 所示。

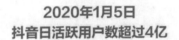

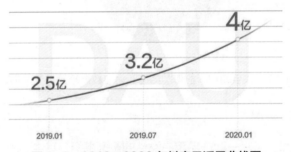

图 2-9　2019—2020 年抖音日活量曲线图

2.2.3　粉丝画像其三，性别比例不同

从互联网大数据可以得知，抖音的男女比例约为 3∶7，也就是女性比男性多一半左右。首先，女性居多导致的直接结果就是消费力比较高，因为大部分钱都是女性花的；而男性占比较少，消费能力相对也不强。

另外，根据"鸟哥笔记"的报告显示，抖音中女性用户的占比也达到 66%，远高于男性，如图 2-10 所示。

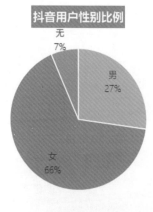

图 2-10　抖音平台的用户性别比率（数据来源：鸟哥笔记）

　　而快手的比例和抖音不一样，在艾瑞指数发布的快手相关数据中，其用户中男性比例高达 59.17%，远高于女性，如图 2-11 所示。

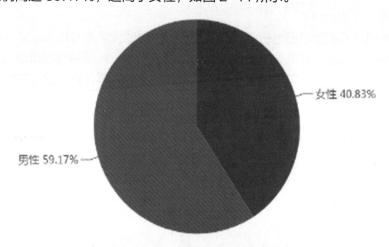

图 2-11　快手平台的用户性别比率（数据来源：艾瑞指数）

2.2.4　粉丝画像其四，地域分布不同

　　抖音从一开始就将目标用户群体指向一、二线城市，从而避免了激烈的市场竞争，同时也占据了很大一部分的市场份额。

　　当然，随着抖音的火热，用户目前也在向小城市蔓延。根据极光大数据的分析报告显示，一、二线城市的人群占比加起来超过 60%，而且这些地域的用户消费能力也比较强。

而快手本身就是起源于草根群体，其三线及三线以下的用户数量比例高达 69% 以上，如图 2-12 所示。

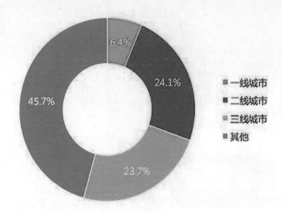

图 2-12　快手平台的用户地域分布情况（数据来源：极光大数据）

2.2.5　粉丝画像其五，用户职业不同

抖音用户的职业主要为白领和自由职业者，同时大学生与踏入社会 5 年左右的用户也比较常见。另外，这些人有一个共同的特点，就是特别容易跟风，喜欢流行和时尚的东西。快手用户主要是三、四线城市的人群，其职业分布也比较均衡和广泛。

2.2.6　粉丝画像其六，关注消费能力

抖音和快手的用户虽然学历分布不一样，但是他们的收入差不多，其消费能力也基本差不多，如图 2-13 所示。

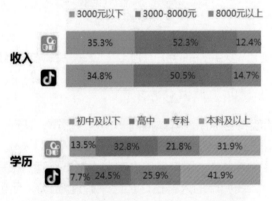

图 2-13　抖音和快手用户收入、学历分布

另外，易观智库发布的短视频平台消费能力报告显示，目前大部分用户都属于中等和中高等层次消费者，这些人群突出的表现就是更加容易在短视频平台上买单，直接导致他们的变现能力很强。他们的购买行为还会受到营销行为的影响，看到喜欢的东西，更加容易冲动消费。

值得一提的是，抖音平台消费人群的能力中低消费者占比最多，所以卖家应该在自己可以获益的前提下，价格也可以相对调整一下。

2.3　视频内容定位，选取适宜素材

短视频运营者首先需要找准定位，然后找准视频输出的形式，可以从微博、知乎、百度等不同平台上选取适宜的素材，收集、整理和制作自己的内容。

2.3.1　浏览新浪微博，寻找热门话题

首先可以在微博上面寻找热门话题，进入微博主页后，可以在左侧的导航栏中选择"热门"标签，查看当下的热门事件，如图 2-14 所示。

图 2-14　查看微博热门事件

也可以在右侧的"微博热门话题"和"微博实时热点"下方单击"查看更多"链接，找到更多的时事热点新闻。

2.3.2　登录知乎网站，搜索专业知识

在知乎平台的顶部搜索栏中，可以输入想要搜索的行业领域关键字，能够找到很多相关的专业知识内容。短视频运营者可以输入相关关键字搜索内容，也可以浏览知乎热点话题，如图 2-15 所示。

图 2-15　知乎搜索界面

比如，我们输入"绘画"关键词，单击搜索 按钮，就可以找到很多与绘画相关的内容。如绘画的技巧、与绘画相关的热门话题以及精彩问答等，这些都是我们进行短视频创作的内容源泉，如图 2-16 所示。

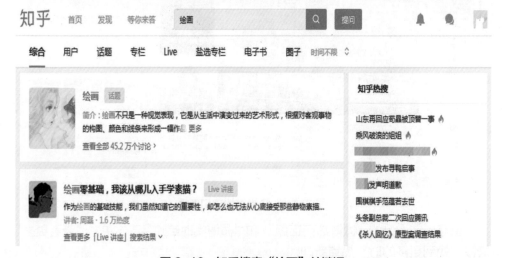

图 2-16　知乎搜索"绘画"关键词

2.3.3　主流视频网站，获取视频素材

国内外的视频网站上拥有大量的、不同类别的视频，如在我国知名的腾讯、优酷等视频网站上，就有几十种类型。如图 2-17 所示，为腾讯网站上的视频类别展示。

图 2-17　腾讯网站上的视频类别展示

运营者选择相应的视频并进入播放界面后，可以单击视频左下角的"下载"按钮，下载该视频资源，如图 2-18 所示，这不失为一种便捷的、优质的视频素材获取途径。

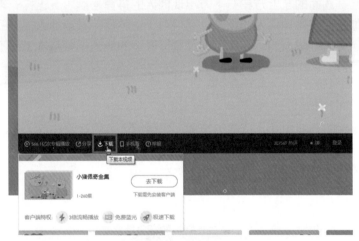

图 2-18　下载视频

2.3.4　经典电影片段，吸引用户注意

自从电影诞生以来，出现了众多的经典影片，其中必然有你喜欢的，且在看到影片中的某一片段时，还会有自身的一些感悟和观点。这些自身的感悟和观点，都是可以作为短视频素材来源内容的，把它们录制下来，再加上经典影片片段，就很容易打造一个受人喜欢而又是原创的短视频了。如图 2-19 所示，为抖音上分享或推荐电影的短视频账号。

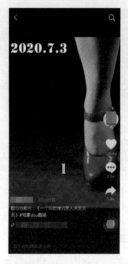

图 2-19　抖音上分享或推荐电影的短视频账号

　　需要特别注意的是，最好不要搬运他人发布的经典影片片段。直接搬运的抖音视频，会在画面的左上方和右下方出现他人的抖音号信息。这样一来，用户一看就知道你是直接搬运别人的视频。而且对于这种直接搬运他人视频的行为，短视频平台是会进行限流的。因此，这种直接搬运的他人视频基本上是不可能成为爆款视频的。

2.3.5　习惯百度一下，搜索各类资源

　　百度平台的功能全面，资源也丰富，是短视频运营者收集资源的理想渠道。

　　（1）百度百科：百度百科是一部内容开放、自由的网络百科全书，内容几乎涵盖了所有领域的知识，如图 2-20 所示。

图 2-20　百度百科首页

（2）百度新闻：该平台拥有海量的新闻资讯，真实地反映每时每刻的新闻热点，用户可以搜索新闻事件、热点话题、人物动态以及产品资讯等内容，同时还可以快速地了解它们的最新进展。

（3）百度贴吧：百度贴吧是以兴趣主题聚合志同道合者的互动平台，主题涵盖了娱乐、游戏、小说、地区和生活等各方面的内容，如图 2-21 所示。

图 2-21　百度贴吧首页

（4）百度文库：百度文库是一个供用户在线分享文档的平台，包括教学资料、考试题库、专业资料、公文写作以及生活商务等多个领域的资料，如图 2-22 所示。

图 2-22　百度文库首页

（5）百度知道：百度知道是一个基于搜索的互动式知识问答分享平台，短视频运营者也可以进一步检索和利用这些问题的答案，来打造更多的优质内容，如图 2-23 所示。

图 2-23 百度知道首页

第 3 章

3 秒定律：文案标题的撰写技巧

学前提示

许多短视频用户在看一个短视频时，首先注意到的就是它的标题。因此，一个短视频的标题写得好不好，将对它的相关数据造成很大的影响。那么如何更好地撰写短视频标题呢？笔者认为短视频标题的撰写应该是简单、精准的，只要用一句话将重点内容表达出来就可以了。

要点展示

- 了解文案的基础知识
- 把握文案创作的核心要点
- 让短视频文案更加吸睛
- 短视频标题要这样写
- 12 种吸睛短视频标题类型

3.1 了解文案的基础知识

许多人经常能听到"短视频文案"这个词,那么什么是短视频文案?怎么创作短视频文案呢?这一节笔者就来为大家介绍短视频文案的一些基础知识。

3.1.1 文案的基本概念

在实际写作应用中,文案在内容上是"广告文案"的简称,由英文 copy writer 翻译而来。文案有广义和狭义之分,如图 3-1 所示。

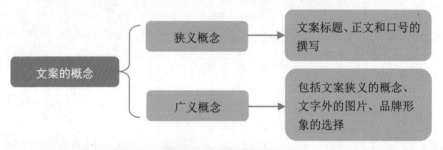

图 3-1 文案的概念

互联网的不断发展使利用网络平台进行推广变得越来越普遍。基于此,越来越多的人开始使用短视频等平台进行文案营销。短视频文案是在短视频平台上用短视频内容来体现广告创意和内容的一种新的宣传方式。

3.1.2 文案的内容构成

随着各行业对于文案的不断重视,文案逐渐渗透多个行业,尤其是在短视频领域中发挥着越来越重要的作用。

在文案的编写中,短视频文案一般都会包含文字和视频画面,两者的形式虽然不同,但还是服务于同一个主题的。因此,在撰写文案内容时,必须要让文字和视频画面紧密结合起来。

一个完整的文案主要由两部分构成,下面针对短视频文案的两个组成部分进行简要分析。

1. 文字内容

短视频中的文字是对短视频文案主题的体现,在内容上往往也是推广的诉求重点,针对标题的相关分析如图 3-2 所示。

2. 视频内容

对于任何行业而言,要想打败竞争对手,获得目标用户的认同,就不能没有品牌宣传和推广，而短视频文案的视频内容就是宣传推广中最直接有效的部分，其具体分析如图 3-3 所示。

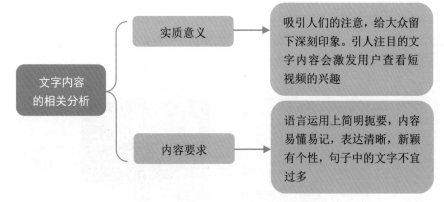

图 3-2 短视频文字内容的相关分析

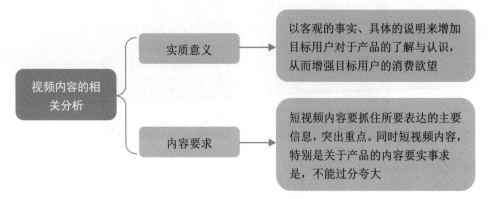

图 3-3 视频内容的相关分析

3.2 把握文案创作的核心要点

如何把握文案创作的核心，快速打造吸睛的短视频文案呢？本节笔者将会从挖掘用户的痛点、拉近与用户的距离以及体现文案的价值性这 3 个方面进行探讨。

3.2.1 挖掘用户的痛点

企业想要让自己的短视频文案成功地吸引短视频用户的注意力，就需要将短视频文案变得有魔力，这种魔力可以从"痛点"中获取。"痛点"是什么呢？所谓"痛点"，是指短视频用户在正常的生活当中所碰到的问题、纠结和抱怨。如果这件事情不能得到解决，那么用户就会浑身不自在，甚至会感到痛苦。

如果文案创作者能够将用户存在的"痛点"体现在短视频文案中，并且给出解决方法，那么这样一个短视频文案就会快速引起一部分用户的注意力。

如图3-4所示，为直击用户对于孩子沉迷电子产品和孩子玩具不安全的痛点而写的短视频文案。对于家长来说，沉迷电子产品和玩具不安全都是孩子成长过程中常见的问题。因此，在看到该短视频中的产品能够解决这些痛点时，自然就会对短视频中的产品感兴趣。

图3-4　解决痛点的短视频文案

总之，消费者在生活当中遇到的不好解决的问题，就叫"痛点"。短视频文案撰写者需要做的就是发现消费者的"痛点"。以这个"痛点"为核心，找到解决"痛点"的方法，并且将方法和企业产品联系在一起，最后巧妙地融入文案的主题中，明确地传递给受众一种思想，帮助他们找到解决问题的方法。

3.2.2　拉近与用户的距离

撰写一个优秀短视频文案的第一步，就是寻找用户感兴趣的话题。对此，短视频运营者可以搜索相关的资料进行整理，制作出让用户感兴趣的内容，消除与用户之间的陌生感，从而取得用户的信任。

我们要记住一点，短视频文案的受众是广大用户，把用户的需求放在首位，这是文案创作的基本前提和要素。

不同类型的用户对文案的需求是不一样的，因此无论是短视频标题，还是内容，都要突出受众想要看到的字眼，使用户一看到标题就会想点进去查看，从而有效地提升短视频文案的点击量。

那么在创作文案的时候，到底应该怎么把短视频用户放在第一位呢？笔者认为主要有3点技巧，即根据对象设定文案风格、根据职业使用相关的专业语言以及根据需求打造不同走向的短视频内容。掌握了这些技巧，就能够拉近与短视频用户之间的距离，为文案创造更好的传播效应。

3.2.3　体现文案的价值性

一个优秀的短视频文案，必定会具备一定的价值。一般而言，优秀的文案除了要提及需要宣传的内容外，还要充分体现新闻价值、学习价值、娱乐价值以及实用价值，具体内容如图3-5所示。

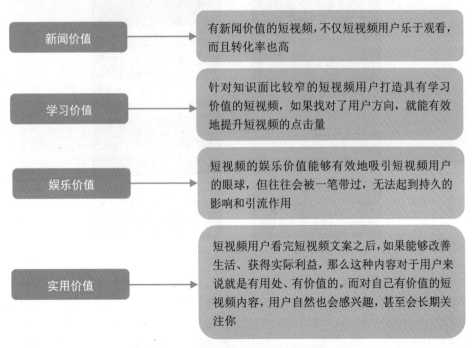

图3-5　优秀短视频文案的4个价值

有价值的文案不仅能够起到宣传作用，而且能够增加短视频文案的趣味性，让用户在查看短视频时，感觉到愉悦。下面笔者将提升文案价值的技巧进行总结，如图3-6所示。

以抖音号"手机摄影构图大全"为例，这个账号推出的内容基本上都是富有实用价值的。如图3-7所示，为其摄影方面的技巧分享。

找准切入点，把价值融入文案中

提升文案价值的技巧

构思之前确定内容方向，以便添加价值

价值的融入要自然，不可太过生硬刻板

图 3-6　提升文案价值的技巧

图 3-7　具有实用价值的短视频文案

只要是用户能够用到的摄影知识，这个抖音号都会推送相关的内容。这样的短视频文案不仅能够为用户提供实用价值，而且还可以帮助用户增强学习能力。

提供实用知识和技巧的短视频文案往往能够得到用户的青睐，虽然文案的价值不仅仅局限于实用技巧的展示，但从最直接和实际的角度来看，能够提供行之有效、解决问题的方法和窍门是广大短视频用户都乐意接受的。这也是为什么文案需要具备价值的原因之一。

3.3　让短视频文案更加吸睛

如何让短视频文案更加精美、内容更加吸引眼球？本节笔者将从如何展示使用场景、如何紧跟时事热点、如何正确使用网络用语以及如何写出短小精悍的短视频文案这 4 个方面——为用户进行解答。

3.3.1　展示使用场景

短视频文案并不只是简单地用画面堆砌成一个短视频就万事大吉了，而是需要运营者打造一个让用户在查看短视频内容时，看到与自己的生活息息相关的场景，从而产生身临其境之感。如此一来，短视频文案才能更好地勾起用户继续查看短视频内容的兴趣。一般来说，文案创作者在创作文案时，有两种打造短视频文案场景的方法，一种是特写式，另一种是鸟瞰式，如图 3-8 所示。

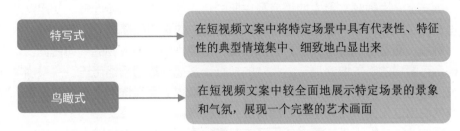

图 3-8　打造短视频场景的方法

3.3.2　紧跟时事热点

所谓"时事热点"，即可以引起众人重点关注的重要事件或信息，紧跟热点的文案可以增加短视频的点击量。

抖音和快手等短视频平台，作为重要的社交平台，这些平台上都拥有数量庞大的用户。因此，在这些短视频平台上，打造紧抓时事热点的短视频文案，利用短视频平台进行传播，有利于运营者实现快速引流。

那么，打造文案时要如何牢牢抓住热点呢？文案又怎样与热点紧密结合呢？笔者将其技巧总结为 3 点，如图 3-9 所示。

图 3-9　短视频文案抓住时事热点的技巧

在短视频平台上，各式各样的短视频账号每天都会推送内容，为了尽可能地吸引人们的眼球，文案创作者们都会苦思冥想，仔细斟酌，而紧跟热点就是他们常用的方法之一，这种方法能有效地提高短视频的点击量。

3.3.3 正确使用网络用语

网络用语是人们日常生活中常用的语言之一，虽然网络用语不太规范，但是，因为被大众广泛使用，所以当短视频运营者在短视频文案中使用网络用语时，许多短视频用户还是可以理解的。

而且网络用语在一段时间内可能会成为热门用语，此时，运营者在短视频中使用该网络用语时，可以快速地吸引用户的注意力，拉近与用户之间的距离。

事实上，短视频文案中的语言最主要的特点就是真实和接地气，使用网络用语也是为了贴近目标人群的用语习惯，抓住用户的爱好和需求。

例如，随着电视剧《大世界》的热播，电视剧中某个人物的一句台词："你有什么可豪横的？"快速地走进大众的视野，并成为热门网络用语。"豪横"原本有强暴蛮横、爽朗有力、性格刚强有骨气等意思。而在该电视剧中配合着人物的语气说出这句话，让人觉得人物很拽、很霸气。

因此，许多短视频运营者使用了该网络用语打造短视频文案内容，用以表现出镜人物的霸气或运营者做的事情很"豪横"，如图 3-10 所示。

图 3-10 使用网络用语的短视频

事实上，短视频文案中的语言最主要的特点就是真实和接地气，使用网络用语也是为了贴近目标人群的用语习惯，抓住用户的爱好和需求。

3.3.4 内容短小精悍

随着互联网和移动互联网的快速发展，碎片化的阅读方式已经逐渐成为主流，大部分用户看到时长较长的短视频时，可能会产生抵触心理。即使有的用户愿意查看时长较长的短视频内容，也很难坚持看完。

从制作成本的角度来看，时长较长的短视频拍摄的成本可能会高一些，进行后期处理时也会更加费时。如果短视频文案的反响效果不好，那就是"赔了夫人又折兵"了。

短视频文案的制作，"小而精美"是其关键所在，也就是说，一个成功的短视频文案应该具备短小精悍的特点。如此一来，用户就能很快了解短视频文案的大致内容，从而获取短视频创作者想要传达的重点信息。

小而精美，并不是说短视频文案只能短不能长，而是要尽可能地做到表达言简意赅、重点突出，让用户看完你的短视频文案之后，能够快速地了解短视频想要传达的重要信息。

3.4　短视频标题要这样写

一个文案，最先吸引浏览者的是什么？毋庸置疑是标题，好的标题才能让用户点进去查看视频内容，让视频上热门。因此，拟写短视频文案的标题就显得十分重要了，而掌握短视频标题创作技巧也就成了每个运营者必须要掌握的重要技能。

3.4.1　标题创作的 3 个要点

标题是短视频的重要组成部分，要做好短视频文案，就要重点关注短视频标题的创作。短视频标题创作必须掌握一定的技巧和写作标准，只有对标题撰写必备的要素熟练掌握，才能更好、更快地写出引人注目的标题。

那么在撰写短视频标题时，应该重点关注哪些方面的内容呢？接下来我们就一起来看一下标题创作的要点。

1. 不做标题党

标题是短视频内容的"窗户"，用户如果能从这扇窗户中看到短视频的大致内容，就说明这个标题是合格的。换句话说，就是标题要体现出短视频内容的主题。

虽然短视频的标题要起到吸引用户的作用，但是如果用户被某一标题吸引，点击查看短视频的内容时却发现标题和内容主题联系得不紧密，或是完全没有联系，用户对于这样的短视频是非常不喜欢的，这样也会降低用户对该账号的信任度，而短视频的点赞和转发量也将被拉低。

因此，运营者在撰写短视频标题文案的时候，一定要注意所写的标题与内容主题联系紧密，切勿"挂羊头卖狗肉"，做"标题党"，相关案例如图 3-11 所示。

图 3-11　紧密联系主题的标题案例

2. 重点要突出

一个标题的好坏直接决定了短视频的点击量、完播率的高低，所以运营者在撰写标题时，一定要重点突出，简洁明了。同时，标题字数不要太长，最好是能够朗朗上口，这样才能让受众在短时间内就能清楚地知道你想要表达的内容，用户自然也就愿意点击查看短视频内容了。

另外，写短视频标题文案还要注意标题用语的简短，要突出重点，切忌标题成分过于复杂，标题越简单，内容就越明了。用户在看到简短的标题时，会有一个比较舒适的视觉感受，阅读起来也更方便。

如图 3-12 所示，为简短标题的案例，虽然两个短视频的标题只有短短的几个字，但用户却能从中看出这两个短视频所要讲的内容，这样的标题就很好，给用户一个舒适的视觉感受。

3. 善用吸睛词汇

标题是一个短视频的"眼睛"，展示着一个短视频的大意、主旨，甚至是对故事背景的诠释。所以，一个短视频数据的高低，与标题文案有着不可分割的联系。

要想通过标题吸引受众，就必须有其点睛之处。给标题"点睛"是有技巧的，在撰写标题时，运营者可以加入一些吸引用户眼球的词汇，比如"惊现""福利""秘诀"等。这些"点睛"词汇，能够让用户产生好奇心，如图 3-13 所示。

图 3-12　简短标题的案例

图 3-13　利用"点睛"词汇的标题案例

3.4.2　拟写标题的 3 个原则

评判一个短视频文案标题的好坏，不仅仅要看它是否有吸引力，还需要参照其他一些原则。在遵循这些原则的基础上撰写的标题，能让你的短视频更容易上热门。这些原则具体如下。

1. 换位原则

短视频运营者在拟定文案标题时，不能只站在自己的角度去想要推出什么内容，而要站在受众的角度去思考。应该将自己当成受众，如果你想知道这个问题的答案，你会用什么搜索词来搜索这个问题的答案，这样写出来的文案标题才更接近受众心理。

因此，运营者在拟写标题前，要先将有关的关键词进行搜索，然后从排名靠前的文案中找出它们写作标题的规律，再将这些规律用于自己要撰写的文案标题中。

2. 新颖原则

短视频运营者如果想让自己的文案标题形式变得新颖，可以采用多种方法。那么短视频运营者应该如何让短视频的标题变得更加新颖呢？笔者在这里介绍几种比较实用的标题形式。

- 文案标题写作要尽量使用问句，这样比较能引起人们的好奇心，比如："谁来'拯救'缺失的牙齿？"这样的标题更容吸引读者。
- 短视频标题要尽量写得详细、细致，这样对用户才会更加有吸引力。如图 3-14 所示。

图 3-14　标题详细、细致的案例

- 要尽量将利益写出来，无论是查看这个短视频文案后所带来的利益，还是这个短视频文案中涉及的产品或服务所带来的利益，都应该在标题中直接告诉用户，从而增加标题对用户的影响力，如图 3-15 所示。

图3-15 给用户带来利益的标题案例

3. 关键词组合原则

通过观察，可以发现能获得高流量的文案标题，都是拥有多个关键词并且是进行组合之后的标题。这是因为只有单个关键词的标题，它的排名影响力不如多个关键词的标题。

例如，如果仅在标题中嵌入"面膜"这个关键词，那么用户在搜索时，只有搜索到"面膜"这个关键词，文案才会被搜索出来，而标题上如果含有"面膜""变美""年轻"等多个关键词，则用户在搜索其中任意关键词的时候，文案都会被搜索出来，这样标题"露脸"的机会也就更多了。

3.4.3 利用词根增加曝光

笔者在前文中介绍标题应该遵守的原则时，曾提及写标题要遵守关键词组合的原则，这样才能凭借更多的关键词增加文案的"曝光率"，让自己的文案出现在更多短视频用户的面前。在这里笔者将为大家介绍如何在标题中运用关键词。

进行文案标题编写的时候，运营者需要充分考虑怎样去吸引目标受众的关注。而要实现这一目标，就需要从关键词着手。而要在标题中运用关键词，就需要考虑关键词是否含有词根。

词根指的是词语的组成根本，只要有词根我们就可以组成不同的词。运营者在标题中加入有词根的关键词，才能将文案的搜索度提高。

例如，一篇文案标题为"十分钟教你快速学会手机摄影"短视频，那这个标题中"手机摄影"就是关键词，而"摄影"就是词根。根据词根我们可以写出更多的与摄影相关的标题。用户一般会根据词根去搜索短视频，只要你的短视频标题中包含了该词根，那么短视频就更容易被用户搜索到。

3.4.4 凸显短视频的主旨

俗话说："题好一半文。"它的意思就是说，一个好的标题就等于视频文案成功了一半。衡量一个标题好坏的方法有很多，而标题是否体现视频的主旨就是衡量标题好坏的一个主要参考依据。

如果一个短视频标题不能够做到在用户看见它的第一眼就明白它想要表达的内容，由此得出该视频是否具有点击查看的价值，那么用户在很大程度上就会放弃查看这则短视频。

那么，文案标题是否体现文案主旨这一衡量依据，将会造成什么样的结果呢？具体分析如图 3-16 所示。

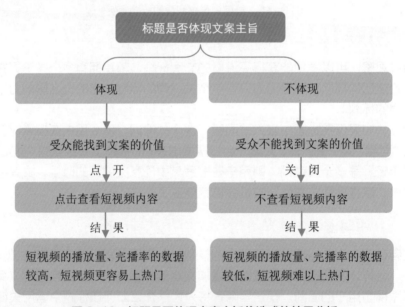

图 3-16　标题是否体现文案主旨将造成的结果分析

经过分析，大家可以直观地看出，文案标题是否体现文案主旨会直接影响短视频的营销效果。所以，运营者想让自己的短视频上热门的话，在取文案标题的时候，一定要多注意文案的标题是否体现了其主旨。

3.5 12种吸睛短视频标题类型

在短视频的打造过程中，标题制作的重要性不言而喻，正如曾经流传的一句话："标题决定了80%的流量。"虽然其来源和准确性不可考，但由其流传之广就可知，其中涉及的关于标题重要性的话题是值得重视的。这一节笔者重点为大家介绍短视频标题撰写过程中必须掌握的12种类型。

3.5.1 福利发送型标题

福利发送就是指在标题中抛出诱饵，向用户传递一种"查看这个视频你就赚到了"的感觉，让用户自然而然地想要看完视频。福利发送型标题的表达方法有两种：一种是直接表达方法；另一种则是间接表达方法。虽然表达方法不同，但其带给用户的效果相差无几，具体表达方法如图3-17所示。

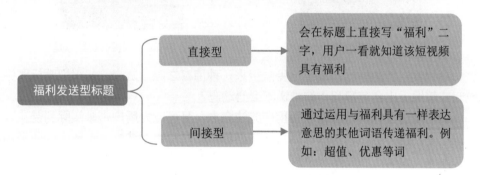

图3-17 福利发送型标题的表达方法

这两种类型的福利型标题虽然稍有区别，但本质上都是通过"福利"来吸引受众的眼球，从而提高短视频的关注度。值得注意的是，在撰写福利传达型标题的时候，无论是直接型，还是间接型，都应该掌握3点技巧，如图3-18所示。

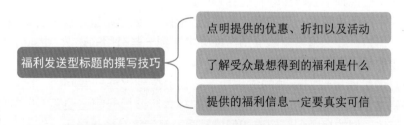

图3-18 福利发送型标题的撰写技巧

接下来我们来看看这两种福利型标题的具体案例，如图3-19、图3-20所示。

这两种类型的福利发送型标题虽然稍有区别，但本质上都是通过"福利"来吸引受众的眼球，从而提升短视频的播放量。

图 3-19　直接福利型标题

图 3-20　间接福利型标题

　　福利发送型的标题通常会给受众带来一种惊喜之感，试想，如果视频标题中或明或暗地指出含有福利，你难道不会心动吗？

　　福利发送型标题既可以吸引用户的注意力，又可以为用户带来实际利益，可谓是一举两得。当然，在撰写福利发送型标题的时候也要注意，不要因为侧重福利而偏离了主题，同时最好不要使用太长的标题，以免影响视频的传播效果。

3.5.2　价值呈现型标题

　　价值呈现型标题是指向用户传递一种只要查看了视频之后就可以掌握某些技巧或者知识的信号。这种类型的标题之所以能够引起受众的注意，是因为抓住了人们想要从短视频中获取实际利益的心理。

　　许多用户都是带着一定的目的刷短视频的，要么是希望短视频含有福利，比如优惠、折扣，要么是希望能够从短视频中学到一些有用的知识。因此，价值呈现型标题的魅力是不可阻挡的。

　　在打造价值呈现型标题的过程中，往往会碰到这样一些问题，比如"什么样的技巧才算有价值？""价值呈现型的标题应该具备哪些要素？"等等。那么，价值呈现型的标题到底应该如何撰写呢？笔者将其经验技巧总结为 3 点，如图 3-21 所示。

　　值得注意的是，在撰写价值呈现型标题时，最好不要提供虚假的信息。价值呈现型标题虽然需要在其中添加夸张的成分，但要把握好度，要有底线和原则。

　　价值呈现型标题通常会出现在技术类的短视频之中，主要是为用户提供实际好用的知识和技巧。用户在看见这种价值呈现型标题的时候，就会想去查看视频的内容，因为这种类型的标题会给人一种学习这个技能很简单，很容易就能掌握的印象。

图 3-21　撰写价值呈现型标题的技巧

3.5.3　励志鼓舞型标题

励志鼓舞型标题最显著的特点就是通过"现身说法"来鼓舞用户的情绪，它一般是通过第一人称的角度来讲故事。故事的内容包罗万象，但总的来说离不开成功的方法、教训以及经验等。

如今很多人都想致富，却苦于没有致富的方向，如果这个时候给他们看励志型短视频，让他们知道企业家是怎样打破枷锁，走上人生巅峰的。他们就很有可能对带有这类标题的内容感到好奇，因此这样的标题结构看起来就会具有独特的吸引力。励志鼓舞型标题模板主要有两种，如图 3-22 所示。

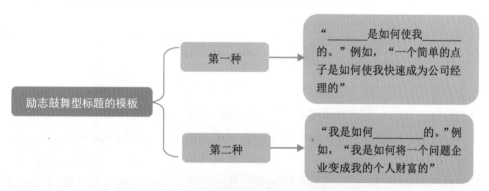

图 3-22　励志鼓舞型标题的模板

励志鼓舞型标题的好处在于煽动性强，容易制造一种鼓舞人心的氛围，勾起用户的欲望，从而提升短视频的播放量。那么，打造励志鼓舞型标题是不是单单依靠模板就可以了呢？答案是否定的，在实际操作中，还是要根据内容的不同来研究特定的标题。总的来说有 3 种经验技巧可供借鉴，如图 3-23 所示。

改编励志的名人名言作为标题

打造励志鼓舞型标题可借鉴的经验技巧

挑选富有煽动性、情感浓厚的词语

根据不同的情境打造不同特色的标题

图 3-23　打造励志鼓舞型标题可借鉴的经验技巧

励志鼓舞型标题一方面是利用用户想要获得成功的心理，另一方面则是巧妙地掌握了情感共鸣的精髓，通过带有励志色彩的字眼来引起用户的情感共鸣，从而成功地吸引用户的眼球。

3.5.4　揭露解密型标题

揭露解密型标题是指为用户揭露某件事物不为人知的秘密的一种标题。大部分人都会有一种好奇心和八卦心理，而这种标题则恰好可以抓住用户的这种心理，从而给用户传递一种莫名的兴奋感，充分引起用户的兴趣。

短视频运营者可以利用揭露解密型标题做一个长期的专题，从而达到一段时间内或者长期凝聚用户的目的。而且这种类型的标题比较容易打造，只需把握 3 大要点即可，如图 3-24 所示。

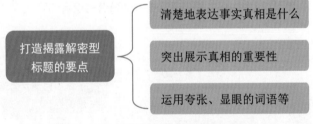

清楚地表达事实真相是什么

打造揭露解密型标题的要点

突出展示真相的重要性

运用夸张、显眼的词语等

图 3-24　打造揭露解密型标题的要点

揭露解密型标题其实和建议型标题有不少相同点，因为都提供了具有价值的信息，能够为用户带来实际利益。当然，所有的标题形式实际上都是一样的，都具有自己的价值和特色，否则也无法吸引用户的注意，更别提为短视频的点击率和完播率作出贡献了。

3.5.5　视觉冲击型标题

不少人认为："力量决定一切。"这句话虽带有太绝对化的主观意识，但还是有一定道理的。

其中，冲击力作为力量范畴中的一员，在短视频标题撰写中有着它独有的价值和魅力。所谓"冲击力",即带给人在视觉和心灵上触动的力量,即引起短视频用户关注的原因所在。

在具有冲击力的标题撰写中,要善于利用"第一次"和"比……还重要"等类似的较具有极端特点的词汇。因为短视频用户往往比较关注那些具有特别突出特点的事物,所以这些词往往能带给受众强大的戏剧冲击感和视觉刺激感。

3.5.6 悬念制造型标题

好奇是人的天性,悬念制造型标题就是利用人的好奇心来吸引用户的。它从一开始就抓住了用户的眼球,所以,用户自然会更有查看视频内容的兴趣。

标题中的悬念是一个诱饵,它可以起到引导用户查看视频内容的作用。因为大部分人看到标题里有没被解答的疑问和悬念时,就会忍不住想进一步弄清楚到底怎么回事,这就是悬念制造型标题的套路。

悬念制造型标题在日常生活中运用得非常广泛,也非常受欢迎。人们在看电视、综艺节目的时候也会经常看到一些节目预告之类的广告,这些广告就会采取这种悬念制造型的标题引起观众的兴趣。

笔者总结出下面 4 种撰写悬念制造型标题的方法,短视频运营者可以利用以下方法进行设置,如图 3-25 所示。

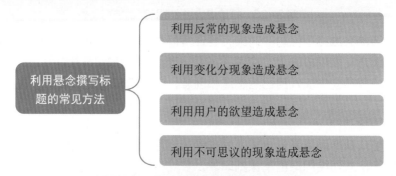

图 3-25 利用悬念撰写标题的常见方法

悬念制造型标题的主要目的是为了增加视频的可看性,因此短视频运营者需要注意的一点是,使用这种类型的标题,一定要确保视频内容确实是能够让用户感到惊奇、充满悬念的。否则,短视频的内容达不到用户的心理预期,就容易引起他们的失望与不满,继而就会让用户对你的账号产生质疑,影响账号在用户心中的美誉度。

悬念制造型标题仅仅只是为了留下悬念,这样一般只能够博取大众 1 ~ 3 次的眼球,很难产生长时间的引流效果。如果短视频文案内容太无趣、无法达到引流的目的,那就是一篇失败的短视频文案,会导致短视频营销活动也随之泡汤。

因此，在设置悬疑型标题的时候，需要非常慎重，最好是有较强的逻辑性，切忌为了标题走钢索，而忽略了短视频文案营销的目的和其本身的质量。

3.5.7 借势热点型标题

借势热点是一种常用的标题创作手法。借势热点型标题是指在标题上借助社会上与时事热点、新闻相关的词汇来给视频造势，增加点击量。

借势一般都是借助最新的热门事件吸引用户的眼球。一般来说，时事热点拥有一大批关注者，而且传播的范围也非常广，结合这些热点制作视频可以让用户搜索到该视频，从而吸引用户查看短视频的内容。

那么，在创作借势热点型标题的时候，应该掌握哪些技巧呢？笔者认为，我们可以从如下 3 个方面来努力，如图 3-26 所示。

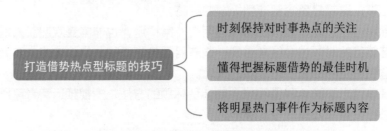

图 3-26　打造借势热点型标题的技巧

在打造借势热点型标题的时候，要注意两个问题：一是带有负面影响的热点不要蹭，大方向要积极向上，充满正能量，带给用户正向的思想引导；二是最好在借势热点型标题中加入自己的想法和创意，做到借势和创意的完美同步。

3.5.8 警示受众型标题

警示受众型标题常常通过发人深省的内容和严肃深沉的语调，给用户以强烈的心理暗示，从而给用户留下深刻印象。

警示受众型的新闻标题，常常被短视频运营者所追捧和模仿。它通常会将以下 3 种内容移植到短视频标题中，如图 3-27 所示。

图 3-27　警示受众型标题包含的内容

　　那么，警示受众型标题应该如何构思和打造呢？很多人只知道警示受众型标题能够起到比较显著的影响，容易夺人眼球，但具体如何撰写却是一头雾水。笔者在这里总结了 3 点关于打造警示受众型标题的技巧，如图 3-28 所示。

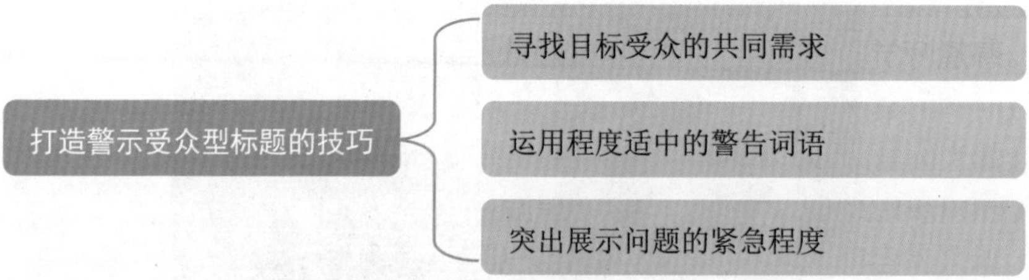

图 3-28　打造警示受众型标题的技巧

　　这种标题形式如运用得恰当，则能加分，起到其他标题无法替代的作用。运用不当的话，很容易让用户产生反感情绪或引起一些不必要的麻烦。

　　因此，短视频运营者在使用警示受众型新闻标题的时候要谨慎小心，注意用词恰当与否。警示受众型标题可以应用的场景很多，无论是技巧类的短视频内容，还是供大众娱乐消遣的娱乐八卦新闻，都可以采用这一类型的标题形式。

3.5.9　独家分享型标题

　　独家分享型标题，也就是从标题上体现短视频运营者所提供的信息是独有的珍贵资源，给用户一种视频值得被点击查看和转发的感觉。从用户的心理方面而言，独家分享型标题所代表的内容一般会给人一种自己率先获知、别人所没有的感觉，因而在心理上更容易获得满足。好为人师和想要炫耀的心理就会驱使用户自然而然地去转发短视频，成为短视频潜在的传播源和发散地。

　　独家型标题会给受众带来独一无二的荣誉感，同时还会使得短视频内容更加具有吸引力，那么在撰写这类标题时，我们应该怎么做呢？是直接点明"独家资源，走过路过不要错过"，还是运用其他的方法来暗示用户这则短视频的内容是与众不同的呢？在这里笔者提供 3 点技巧，帮助大家成功地打造出夺人眼球的独家分享型标题，如图 3-29 所示。

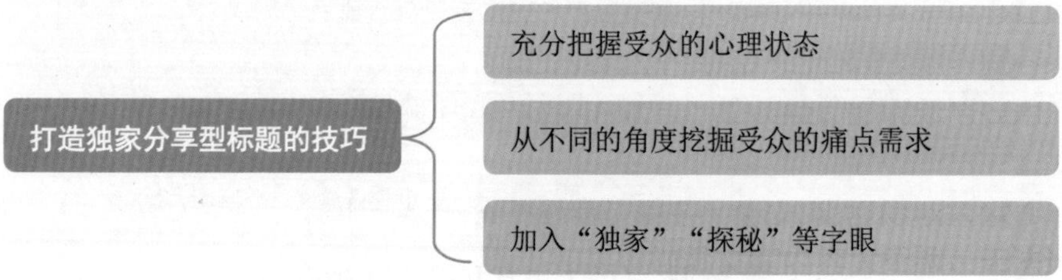

图 3-29　打造独家分享型标题的技巧

使用独家分享型标题的好处在于可以吸引到更多用户，让用户觉得短视频内容的珍贵，从而帮你主动宣传和推广短视频，让短视频内容得到广泛的传播。如图 3-30 所示，为独家分享型标题的典型案例。

图 3-30　独家分享型标题的典型案例

需要注意的是，如果标题使用的是带有独家性质的形式，就必须保证视频的内容也是独一无二的。独家性质的标题要与独家性质的内容相结合，否则会给用户留下不好的印象，从而影响后续短视频的点击量。

3.5.10　紧急迫切型标题

紧急迫切型标题是一种包含催促用户赶快查看短视频的标题类型，它能够给短视频用户传递一种紧迫感。

那么，紧急迫切型标题具体应该如何打造呢？笔者将其相关技巧总结为 3 点，如图 3-31 所示。

打造紧急迫切型标题的技巧
- 在急迫之中结合受众的痛点和需求
- 突出显示视频内容需要查看的紧迫性
- 加入"赶快行动、手慢无"等词语

图 3-31　打造紧急迫切型标题的技巧

3.5.11　数字具化型标题

数字具化型标题是指在标题中呈现出具体的数字，通过数字的形式来概括相关的主题内容。数字不同于一般的文字，它会带给用户比较深刻的印象，与用户的心灵产生奇妙的碰撞，从而很好地吸引用户的好奇心。

在短视频中采用数字具化型标题有不少好处，主要体现在以下 3 个方面，如图 3-32 所示。

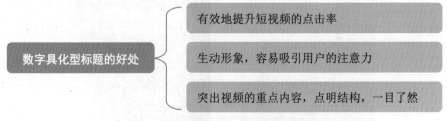

图 3-32　数字具化型标题的好处

值得注意的是，数字具化型标题也很容易打造，因为它是一种概括性的标题，只要做到 3 点就可以撰写出来，如图 3-33 所示。

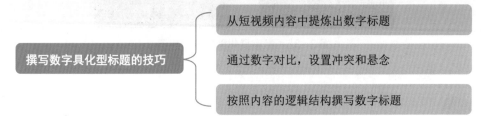

图 3-33　撰写数字具化型标题的技巧

此外，数字具化型标题包括了以下 3 种不同的类型，如图 3-34 所示。

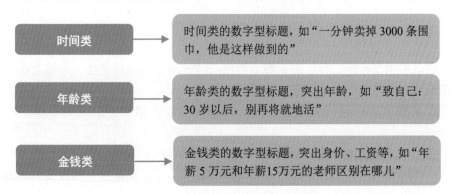

图 3-34　数字具化型标题的类型

数字具化型标题比较常见，它通常会采用悬殊对比、层层递进等方式呈现，目的是为了营造一个比较新奇的情景，让用户产生视觉上和心理上的冲击。如图 3-35 所示，为数字具化型标题的案例。

图 3-35　数字具化型标题的案例

 专家提醒

事实上，很多内容都可以通过具体的数字总结和表达，只要把想重点突出的内容提炼成数字即可。同时还要注意，在打造数字具化型标题时，最好使用阿拉伯数字，统一数字格式，尽量把数字放在标题前面。

3.5.12　观点表达型标题

观点表达型标题，是以表达观点为核心的一种标题撰写形式，一般会在标题上精准到人，并且把人名镶嵌在标题之中。

观点表达型标题比较常见，使用的范围广泛，常用的公式有 5 种，如图 3-36 所示。

当然，公式是一个比较刻板的东西，只能说它可以为我们提供大致的方向。那么，在撰写观点表达型标题时，有哪些经验技巧可以借鉴呢？笔者将其总结为 3 点，如图 3-37 所示。

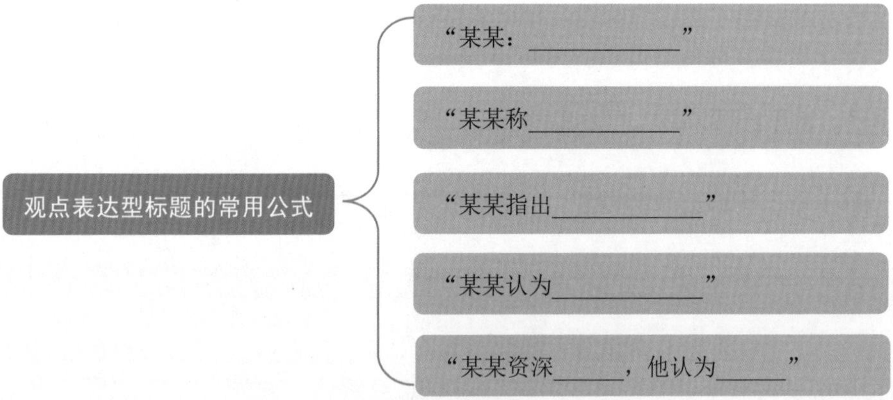

"某某：＿＿＿＿＿＿＿"

"某某称＿＿＿＿＿＿＿"

观点表达型标题的常用公式

"某某指出＿＿＿＿＿＿"

"某某认为＿＿＿＿＿＿"

"某某资深＿＿＿，他认为＿＿＿"

图 3-36　观点表达型标题的常用公式

观点的提炼要突出重点，击中要害

观点表达型标题的撰写技巧

标题可适度延长，确保观点表达完整

观点的内容要与短视频的内容保持一致

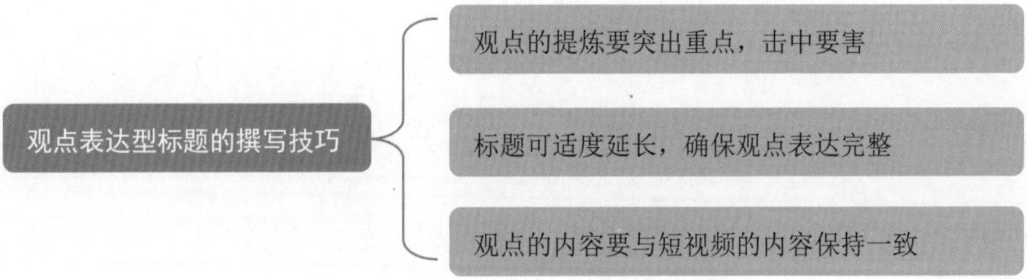

图 3-37　观点表达型标题的撰写技巧

观点表达型标题的好处在于一目了然，"人物 + 观点"的形式往往能在第一时间引起用户的注意，特别是当人物的名气比较大时，能够有效地提高视频的点击率。

第4章

主播的修炼：从 0 到 1 养成之路

学前提示

近年来，越来越多的人涌入直播行业，想在其中快速赚一把，但是很多人对于直播只有片面的认知。

本章将从主播入门、个人定位、专业素质 3 个方面加深大家对直播行业的认识，带领大家从零开始学做主播，成功实现直播变现。

要点展示

- 主播入门，从 0 到 1
- 个人定位，关系重大
- 专业素质，提升自己

4.1 主播入门，从 0 到 1

每个主播的成功都是有原因的，李佳琦的成功离不开背后的平台和团队；薇娅的成功离不开自己早年在娱乐圈的闯荡、开服装店的经验；罗永浩的成功离不开他作为"锤子"手机创始人自带的流量和抖音平台的扶持。每一个大主播都是从小主播逐渐成长起来、逐渐被人熟知的，那么主播应该如何从 0 到 1 做好直播呢？

随着直播行业的竞争越来越激烈，很多新手主播的收入非常不稳定，在初期也没有很高的人气。一个新手主播想要成为这种 TOP 级别的主播，并不容易。主播当下应该重视的是了解直播的基本流程，帮助自己走出漂亮的第一步。

4.1.1 开播之前，选择专业

在直播中，主播所要做的事情，不仅仅是单纯地在屏幕前进行直播就可以了，这只是展现在屏幕前的工作。真实的情况是，从进入主播行业，在第一次开播之前就需要一步一步扎实地打好基础。

做主播有两种获得收益的类型：类型一是才艺主播，通俗来讲主播利用自己的才艺或者个性等方面吸引粉丝，让粉丝对主播进行打赏；类型二就是带货主播，主播通过销售产品，获得出场费和佣金。

当然也有一些主播，两个类型都涉猎，例如，某美食主播通过展示自己能吃而吸引粉丝，进而向观众推荐自己所吃的食品，进行带货。

不变的是，才艺主播需要有自己擅长的才艺或者沟通技巧吸引粉丝打赏，带货主播要有清晰的表达能力让粉丝购买产品。在直播之前，主播要思考自己擅长的直播方向，才能吸引更多用户。

专家提醒

　　如果主播对自己的专业还没有确定，笔者建议先不要开播，因为像抖音这一类平台，官方会在主播前 3 次直播时给主播额外导流，这对于一个新手主播来说是非常珍贵的。

为了更好地了解直播的流程和步骤，下文将从直播的几个阶段向读者介绍一下新人主播在直播各个阶段的工作内容，以及需要掌握的技能。如图 4-1 所示，为新人主播的直播阶段分析。

无论选择什么方向，主播都需要有自己鲜明的个人特色。在开播之前主播要选择好自身的专业，并对自己有着清晰的定位。以下几点能够帮助主播进行定位。

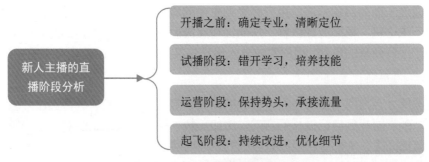

图 4-1　新人主播的直播阶段分析

开播之前：确定专业，清晰定位

试播阶段：错开学习，培养技能

运营阶段：保持势头，承接流量

起飞阶段：持续改进，优化细节

新人主播的直播阶段分析

1. 清晰个人定位

主播要明确自己在直播间的人设，在直播行业里，主播的人数和类型太多，想让观众记住你，不能单凭外表，毕竟这个世界上好看的人太多，这就是为什么会出现"好看的皮囊千篇一律，有趣的灵魂万里挑一"的说法。

人设，一直是吸引粉丝的法宝，当主播树立起自己的人设后，需要不断地向粉丝强调自己的人设，更重要的是让粉丝相信自己的人设。例如，主播可以在直播间向观众和粉丝说，"这周的销售额要做到第一""我要成为在直播榜上前多少位的主播"等。

这样可以让粉丝感觉，这种充满斗志和信心的人就是我想成为的那种人，这个主播就是我想成为的那种人，我要向他学习，和他一起成长、进步。让粉丝感觉支持这个主播，就是在支持自己。

当然，主播要明白的一点是，强调人设的目的在于，你所树立的人设，能够让喜欢你的粉丝更加喜欢你。也就是主播在直播间的肢体表现要符合自己的人设，要让粉丝觉得，主播说话内容所表现出来的模样和主播在直播间表现出来的模样是相贴近、符合的。

主播在一定程度上和偶像一样，都需要一个人设作为别人记住你的标签。标签可以是人物的性格，也可以是产品。最了解自己的还是主播自己，这就需要主播认清楚自己的专业和人设定位，让自己在直播成长的道路上有一个不错的开端。

人物标签的确非常重要，标签可以是可爱的萌系主播，也可以是帅气的御姐型主播等。作为一个主播，重要的是让粉丝一旦看到类似"萌系""御姐"等其他关键词的时候，第一个想到的就是自己。

主播的产品标签就是自己卖得最好的产品，比如李佳琦又被称为"口红一哥"，他最擅长销售的产品是口红，口红就成了李佳琦的标签。如果想让粉丝对自己的人设信服，主播可以在直播的时候，通过肢体语言向观众和粉丝表现出自己的性格、形象。此外还可以有一个更简单的方法，那就是让主播自己"说"出来。

通过主播的自我叙述，用户感受到主播的真实，而真实就能够让用户信服，继而产生信赖，再演变成依赖，从而让粉丝最后"锁定"你的直播间。很多用户都表示理解商家的难处，用户对故事人设产生共鸣后，能够迅速认可主播的观点。

2. 选择才艺方向

选择才艺方向：主播自身所擅长的领域、专业。主播如果选择通过才艺得到打赏，就需要找到自己擅长的方向，比如美妆、美食、娱乐、游戏、乐器等。在抖音直播间里，大部分主播都有自己的表演内容。

3. 选择直播带货

对于直播带货来说，最终还是需要粉丝愿意买单，但是让粉丝愿意花钱买单是需要一定销售技巧的。最基础的销售技巧就是，主播自己对商品的了解程度让粉丝觉得专业，从而让粉丝有信任感。

4.1.2 试播阶段，边错边学

在试播阶段，对于刚开始直播的主播来说，要想提高主播孵化成功率，机构和主播可以从以下两个方面来作出改变，节约彼此的孵化时间，从而提高孵化成功的概率。如图 4-2 所示，为提高主播孵化成功率的措施。

提高主播孵化成功率的措施 —— 机构：挑选主播时，充分了解，挑选有优势或突出的主播

提高主播孵化成功率的措施 —— 主播：入行前就了解行情，明确协议分别对应的服务条款

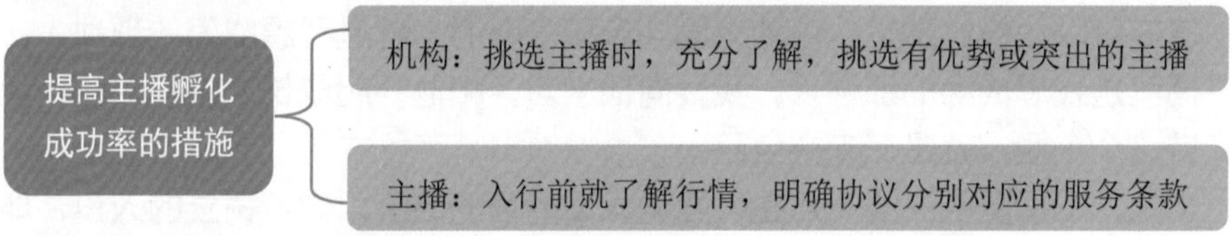

图 4-2　提高主播孵化成功率的措施

1. 选择机构

首先需要认真挑选直播机构。这个阶段，主播要学会进行主动学习，加强直播相关知识，对不足之处要及时改善，培养好自己的专业技能。

主播需要选择合适的直播孵化机构，在直播机构看来，最重要的就是投入的成本可以快速地得到回报，但是作为一个新人主播，要想在短时间内就获得流量进而盈利，这样的情况往往很少。

试播阶段，这是一种前期需要投入却没有回报的过程。很多机构为了资金成本，只好尽可能地去压缩新主播前期的投入成本，将更多的资源放到比较成熟的主播身上。新主播在前期恰恰是非常需要运营和关注的，如果得不到应有的关注和重视，主播在遇到问题和疑问时，就只能选择自己一步一步地摸索，进而改正。这样太耗费时间和精力，会影响主播成功孵化的进度。

另外，部分机构会给新主播一个试播机会，时间为一周左右，机构会给主播提供测试账号，或者去某个店铺进行直播测试，进而衡量你潜在的价值。

2. 积极学习

在正式步入直播行业前，主播应该主动学习直播知识。在初期尽可能地汲取专业知识，就像是从事其他工作一样，也会经过一段实习期，只有在实习期表现不错的员工才可以转正或者提前转正。当主播也是如此，主播并没有想象中那么轻松，也不是一个可以随便对待的工作。

不管是想吸粉扩大自身的影响力，还是想直播销售获得金钱收入，主播都需要认真地去学习直播知识，从而提高实战能力。在试播阶段，主播们可以尝试以下两种方式去学习和累积自身的直播经验，如图 4-3 所示。

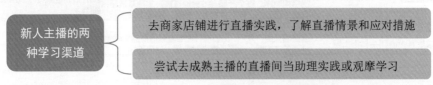

图 4-3　新人主播的两种学习渠道

新主播都是从学习直播知识，了解、掌握直播流程开始的。像建房子一样，只有最开始把地基建好，才可以在这个基础上进行其他的布局、规划。只有通过不断的实践和学习，才能踏踏实实地走好直播这条路。

4.1.3　运营阶段，保持势头

在一个月左右的试播期之后，主播就正式进入了运营阶段。这时，机构会重点考察用户在该主播直播间的一个停留时间长短和路转粉的比例。

如果这两个数据都不错，那么下一周主播的数据基本上就会发生上升的趋势。主播进入这个时期后，机构就会对主播的各个方面进行审核，进而判断主播有多大的发展潜力。

为了从一开始就把这两个数据做好，主播除了要保持自己直播的劲头，还需要在直播脚本上下一定的功夫，这份脚本要规划主播每天的直播流程、直播内容、话术建议、画面展示。如图 4-4 所示，为某直播脚本内容。

在直播的前面几天，可以考虑不安排商品，只专注于树立主播的人设，以及强化这个人设。到后面几天，再开始让主播推荐一些商品，这个商品数量要和直播间的直播时长、带货强度保持一致，并且呈现同时上涨的趋势。

如果第一周的数据还不错，不出意外的话，第二周数据就会有所上升。第一周在平台上的表现相当于为下一周获得的流量做一个铺垫，第一周属于获得流量的一个过程，那么第二周就相当于可以承接上周的流量。这时候，主播需要做的就是维持之前的主播风格，不要去尝试改变、寻求所谓的突破，整个直播风格要保持一个稳定的状态，才能吸引更多相同类型的用户。

档口整场直播提纲（以服装档口为例）			
直播主题	**春季新品上新**		
直播流程	**直播内容**	**话术建议**	**画面**
1. 开场1min	开播介绍	进入直播状态，签到环节，和进来的用户打招呼	近景直播，切主播画面
2. 1~5min	商品预告	边互动边安利本场直播1~2款爆款，互动建议选择签到打卡抽奖，不断强调每天定点开播，等大量粉丝来	近景主播介绍，中景全身比对展示主推款
3. 10~20min	商品介绍	将今天所有的款全部走马观花过一遍，不做过多停留，潜在爆款可重点推荐。整个剧透持续10分钟，不同款配套全身比对展示。整个过程不看评论，不跟粉丝走，按自己的节奏逐一剧透	中景全身比对展示
4. 开播主体	商品卖点讲解 试穿搭配演绎 互动玩法	开播半小时左右正式进入产品逐个推荐。有重点地根据用户需求，促销优惠来介绍，参考直播前预设的产品结构顺序。每个产品给5分钟直播。主推款试穿，介绍搭配方法。同时优惠券、抽奖、引导下单	切主播全身，试穿主推款详细介绍，近景特写展示服装细节
5. 最后1小时	返场演绎	做呼声较高产品的返场演绎	
6. 最后10min	下播预告引导	剧透明天服饰款品，见缝插针地回复今日商品的问题。强调关注主播，明天几点准时开播，明日福利	

图4-4　主播的脚本内容

只要好好地吸收、消化主播给予的流量，完美地承受住这些流量的注入，主播和直播间在平台上面的一个印象分数就会提高，之后主播在流量分配上自然也会多一些，这对于后期的成长是非常有帮助的。

4.1.4　起飞阶段，持续改进

当主播已经拥有了一部分观看直播的用户，直播技巧越来越熟练，主播就处在一个起飞阶段。在起飞阶段，主播要学会如何持续地改善不足之处，优化直播细节是非常关键的一步，笔者接下来就详细介绍这两个点。

1. 优化细节

如果孵化成功，这时候主播和机构要做的就是优化直播间的细节，进一步提升直播间档次。比如，根据直播内容来装饰直播间，在直播间的背景、灯光、饰品、摆设等细节上，进行一定程度上的优化，可以提高直播间的视觉效果，提升整个直播间的档次等级，同时也可以起到吸引潜在粉丝的作用。良好的直播背景能给人带来愉悦的感觉，糟糕的环境粉丝会立即划走，毫不停留。

2. 持续改进

这个阶段，直播间的数据会出现明显的变化，变化的结果就是两种，变好或者变坏。主播要根据直播数据进行改进，如果直播间数据没有提高反而下降，那么主播和机构就需要重新制订主播的孵化计划，同时要做好打长期战的心理准备。

4.1.5 直播工具，必不可少

想成为一名出色的主播，除了自身的才艺和特长外，还需要有各种硬件设备的支持。下面笔者从4个方面帮助新人主播打造一个完美的直播间。

1. 直播间的声卡选购

声卡主要分为内置声卡和外置声卡两种类型，下面笔者将对这两种声卡类型分别进行详细的介绍。

1）内置声卡

内置声卡，顾名思义，就是集成在台式电脑或笔记本主板上的声卡，现在我们新买的电脑都会预装内置声卡，只需要安装对应的声卡驱动就能正常运行。

2）外置声卡

而外置声卡则需要通过USB接口和数据线连接在笔记本或台式电脑上，然后安装单独的驱动（有些外置声卡插入即可使用），最后将内置声卡禁用，选择新安装的外置声卡为默认播放设备即可。

对于内置声卡和外置声卡，两者的区别还是比较大的，接下来笔者将从3个方面讲述它们之间的区别，如图4-5所示。

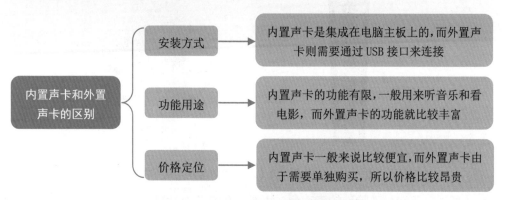

图4-5 内置声卡和外置声卡的区别

下面我们就一起来看内置声卡和外置声卡的产品外观展示。如图4-6所示，为内置声卡的产品样式；如图4-7所示，为外置声卡的产品样式。

2. 直播的电容麦克风选择

说完声卡，我们紧接着来看直播间麦克风的选择，麦克风是直播间的必备工具，麦克风俗称"话筒"，主要分为电动麦克风和电容麦克风两种，而电动麦克风又以动圈麦克风为主，如图4-8所示。

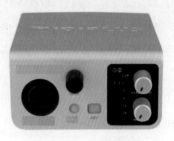

图 4-6　内置声卡　　　　　　　　　图 4-7　外置声卡

图 4-8　动圈麦克风（左）和电容麦克风（右）

　　当然，还有一种特殊的麦克风，就是我们在电视上或者活动会议上常见的耳麦，耳麦是耳机与麦克风的结合体。

　　下面笔者就带大家分别来看动圈麦克风和电容麦克风各自的区别和特点，如图 4-9 所示。

　　绝大多数主播直播的麦克风一般用的都是电容麦克风，所以笔者就向大家重点介绍电容麦克风的选购。电容麦克风的质量和体验决定了直播间音质的好坏，从而影响到直播的整体效果，所以选择一款高品质的电容麦克风对主播来说非常重要。

　　笔者给直播行业的从业者推荐一款还不错的电容麦克风，它的产品名称和型号是铁三角 AT2020，铁三角是一个专注于研发话筒、耳机等电子产品的知名品牌，其生产的产品质量和销量在全球也是名列前茅，所以对于录音、直播等场景的使用来说，这款产品是个不错的选择。

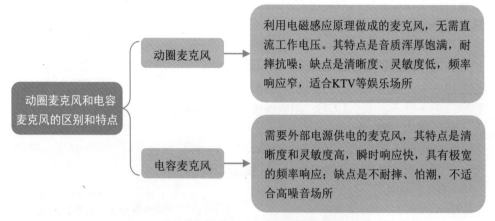

动圈麦克风和电容麦克风的区别和特点

动圈麦克风　利用电磁感应原理做成的麦克风，无需直流工作电压。其特点是音质浑厚饱满，耐摔抗噪；缺点是清晰度、灵敏度低，频率响应窄，适合KTV等娱乐场所

电容麦克风　需要外部电源供电的麦克风，其特点是清晰度和灵敏度高，瞬时响应快，具有极宽的频率响应；缺点是不耐摔、怕潮，不适合高噪音场所

图 4-9　动圈麦克风和电容麦克风的区别和特点

3. 电脑和手机的选购

现在最常见的直播形式只有两种：一种是用台式电脑或者笔记本进行直播；另一种就是利用手机进行直播。这两种直播方式各有利弊，下面为大家详细讲解。

1）电脑

对于从事专业直播的人群来说都有一定的才艺技能、理论普及和经济能力，他们所采用的直播设备就是台式电脑和笔记本，而直播对于这类设备的配置要求都是比较高的，高性能的电脑与主播直播的体验是成正比的，如图 4-10 所示。

图 4-10　台式电脑（左）和笔记本（右）

所以笔者从电脑配件的各部分参数分析，推荐合适的电脑设备，来帮助大家提升直播的体验。

● CPU 处理器

CPU 的性能对电脑的程序处理速度来说至关重要，CPU 的性能越高，电脑的运行速度也就越快，所以在 CPU 的选择上千万不能马虎或将就。一般来说选择酷睿 i5 或 i7 的处理器比较好。

● 运行内存条

在内存条的选择上和 CPU 一样，尽量选择容量大的内存条，因为运行内存的容量越大，电脑文件的运行速度也就相应越快。对于直播的需求来说，电脑内存容量的选择不能低于 8GB，如果预算充足，选择 8GB 以上的内存条更佳。

● 硬盘类型

现在市面上流行的硬盘类型一共有两种，一种是机械硬盘，另一种是固态硬盘。下面是这两种硬盘各自的优缺点，如图 4-11 所示。

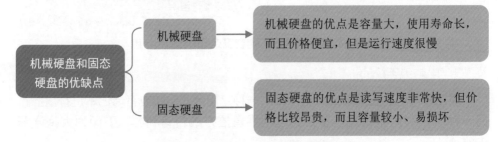

图 4-11　机械硬盘和固态硬盘的比较

随着科学技术的不断进步，现在固态硬盘的生产技术也越来越先进成熟，所以这也导致了固态硬盘的销售价格不断降低，容量单位也在不断扩大，这也就不用担心选购固态硬盘的成本预算问题了。

● 显卡

体现电脑性能的又一个关键配件就是显卡，显卡配置参数的高低会影响电脑的图形处理能力，特别是在运行大型游戏以及专业的视频处理软件的时候，显卡的性能就显得尤为重要。电脑显卡对直播时的效果也会有一定的影响，所以尽量选择高性能的显卡型号。

2）手机

与电脑直播相比，手机直播的方式更加简单和方便，只需要一部手机，安装一款直播平台的 App 软件，再配上一副耳麦即可进行直播，如图 4-12 所示。当然，如果觉得手持手机直播有点累，也可以为手机加个支架固定。

手机直播适用于那些把直播当作一种生活娱乐方式的人或者刚加入直播的新人。因为手机的功能毕竟没有电脑强大，有些专业的直播操作和功能在手机上是无法实现的，所以直播对手机配置的要求没有电脑那么高。虽然如此，对于手机设备的选购也是需要经过一番仔细考虑和斟酌的。

图4-12　手机（左）和耳麦（右）

　　手机的选购和电脑一样，也要稍微注意一下手机的配置参数，然后在预算范围内选择一款自己喜欢的手机款式即可。这里笔者就不具体推荐某一款机型了，因为如今的手机行业技术和功能更新越来越快，而且市场也接近饱和，"手机饭圈化"现象十分严重，同一个手机品牌，同等价位的机型其参数配置以及功能几乎一样，只不过是换了个外观和名字而已。

　　4.　直播间的其他设备

　　除了前面所讲的声卡、电容麦克风以及电脑和手机这些主要的直播工具外，还有一些直播间的其他设备需要我们考虑到，比如网络宽带的要求、手机或电容麦克风的支架、监听耳机等。接下来笔者将介绍这些设备的选择以及要求。

　　1）网络宽带

　　直播主要是通过互联网与受众建立沟通与联系，所以没网络是万万不行的，特别是对于专业做直播的主播来讲，就必须在直播的地方安装一个网速足够的宽带，而且直播对于流量的消耗是非常巨大的，即便是业余直播，也要在有 Wi-Fi 的环境下进行，不然光用流量的话，直播的成本是难以维持的。

　　目前市面上的通信运营商主要有 3 家，分别是：中国移动、中国联通和中国电信，这里大家根据自己的实际情况选择即可。至于宽带网速和套餐的选择，笔者建议选择 50M 以上的宽带套餐最好。

　　直播间的网络状况决定了直播是否能够顺利地进行，如果宽带网速不给力，就会造成直播画面的延迟和卡顿，不仅会严重影响主播的直播进程，而且也会大大降低受众的观看体验感，导致受众中途离去，造成直播间人气的波动。

2）直播支架

在直播的时候，不管是电脑直播还是手机直播，主播都不可能长时间用手拿着电容麦克风或手机。所以，这时候就需要用支架进行固定，这样能使主播更加轻松愉快地进行直播，非常实用和方便，如图 4-13 所示。

图 4-13　直播支架

关于直播支架的选择，没有什么特定的产品或品牌来参考，大家可以直接去淘宝、天猫等电商平台下单购买即可，而且价格也很实惠。

3）监听耳机

在直播中主播为了随时关注自己直播的效果，就需要用到监听耳机，以便对直播的内容进行优化和调整。监听耳机是指没有加过音色渲染的耳机，可以听到最接近真实的、未加任何修饰的音质，它被广泛地应用于各种领域，如录音棚、配音室、电视台，以及 MIDI 工作室等，如图 4-14 所示。

图 4-14　监听耳机

监听耳机主要具备两个特点：一是频率响应足够宽、速度快，能保证监听频带范围内信号失真尽量小，具有还原监听对象声音特点的能力；二是坚固耐用，容易维修和保养。

那么监听耳机和我们平时用的普通耳机究竟有什么不同之处呢？笔者总结了以下几点区别，如图 4-15 所示。

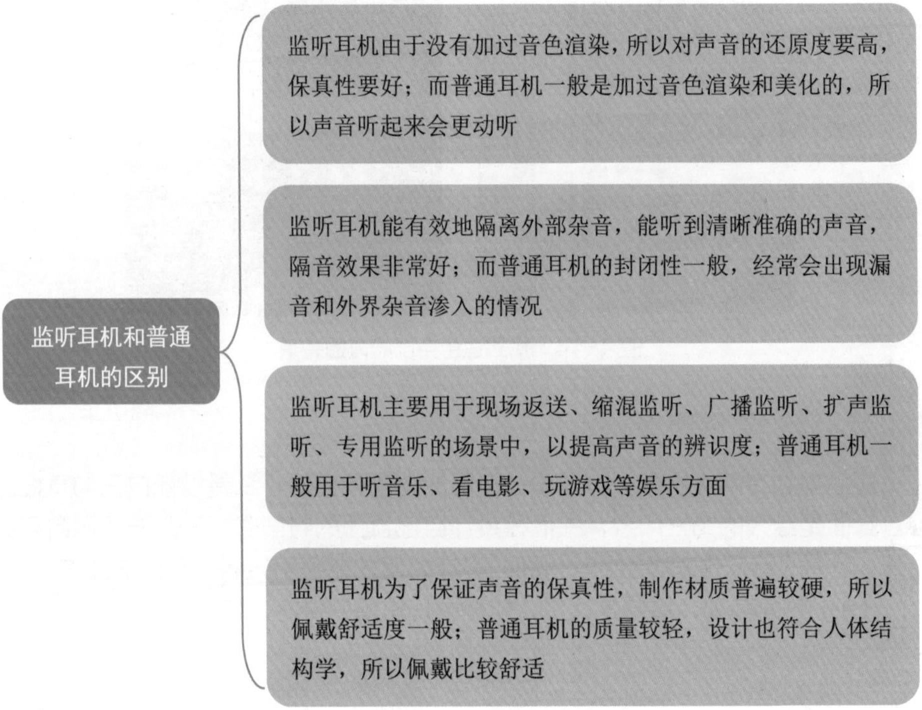

图 4-15 监听耳机和普通耳机的区别

监听耳机和普通耳机的区别	监听耳机由于没有加过音色渲染，所以对声音的还原度要高，保真性要好；而普通耳机一般是加过音色渲染和美化的，所以声音听起来会更动听
	监听耳机能有效地隔离外部杂音，能听到清晰准确的声音，隔音效果非常好；而普通耳机的封闭性一般，经常会出现漏音和外界杂音渗入的情况
	监听耳机主要用于现场返送、缩混监听、广播监听、扩声监听、专用监听的场景中，以提高声音的辨识度；普通耳机一般用于听音乐、看电影、玩游戏等娱乐方面
	监听耳机为了保证声音的保真性，制作材质普遍较硬，所以佩戴舒适度一般；普通耳机的质量较轻，设计也符合人体结构学，所以佩戴比较舒适

关于监听耳机的选购大家可以参照前面笔者说过的直播支架购买方法，去淘宝、天猫等电商平台搜索相应的关键词，选择自己喜欢或者合适的产品即可。

4.1.6 找到适合自己的装束

妆容以及穿衣打扮可以让主播更上镜，衣服的颜色对主播整体印象的影响是巨大的。要想吸引粉丝，留住粉丝在自己直播间，就应该知道自己需要避免哪些颜色，穿什么样的衣服才符合自己的个性，才能够打造属于自己的特色，才能够增加粉丝对自己的记忆点。

一个搞笑风格的主播，穿的衣服可以是可爱的、搞怪的，一个"颜值"主播穿的衣服可以是知性、优雅的，如图 4-16 所示。

图 4-16　找到适合自己的直播装束

4.1.7　做好直播规划

直播规划有两大步骤：一是设计自己的封面和标题；二是设计自己的直播内容。封面是给人的第一印象，主播在设计自己直播的封面时，一定要展示自己的特殊，用你的特殊性来吸引人。封面的设计如何才能吸引人呢？有以下几点方法。

（1）封面美观，最好是远景，能够展现主播的全身，如图 4-17 所示。

图 4-17　远景封面效果图

（2）突出风格，性感的、可爱的或者是酷酷的等，如图 4-18 所示。

图 4-18　可爱（左）和性感（右）封面风格图

（3）背景要简单大方，不能乱七八糟，如图 4-19 所示。

图 4-19　背景简单大方的封面效果图

封面是一个人对你的最初印象，就像是主播递出去的一张名片，给粉丝最直观的感受。它直接决定了粉丝会不会去你的直播间，直播的封面图片设置得好，能够为主播抓住粉丝的心。

其次设计自己的标题，有以下几点方法。

（1）蹭名气吸引眼球，例如："本山徒弟""身残志坚夫妻"等。

（2）才艺吸引，例如："古筝演奏""热血喊麦"等。

（3）利益吸引，例如："大额红包进来抢""免费赠送大礼包"等。

（4）故事吸引，例如："全斗鱼最惨女主播"。

最后，在设计自己的标题时，要避免中规中矩的题目，多用开放式的文案标题。封面标题最好具有一定话题，并能让人产生好奇或者疑惑，想点进去看一看。

专家提醒

直播规划也包括了对开播时间的选择，一般早上开播的主播比较少，那么竞争压力也小，是一个让用户变成自己粉丝的好时间；中午开播的主播逐渐增多，这时候就是留住粉丝、向粉丝展示特长或特色的时间；晚上是平台流量最多的时间，是刺激粉丝消费的时间；凌晨是培养忠诚粉丝的好时机。笔者建议新人主播最好是早上或者凌晨开播，这两个时间段都是吸粉的好时机。

第二点主播在前期准备资料时，可以给自己直播的内容写一个大纲，并设计自己的直播内容，可以是自己生活的点滴，也可以是唱自己擅长的歌等。如图4-20所示，为直播内容设计流程。

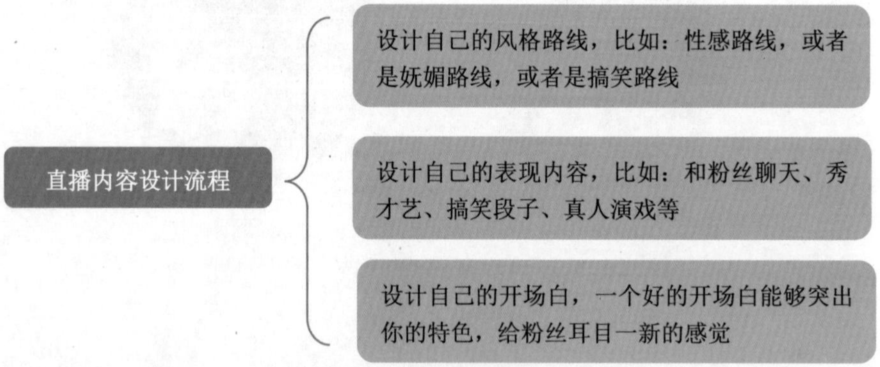

```
直播内容设计流程 ┌─ 设计自己的风格路线，比如：性感路线，或者
                │   是妖媚路线，或者是搞笑路线
                │
                ├─ 设计自己的表现内容，比如：和粉丝聊天、秀
                │   才艺、搞笑段子、真人演戏等
                │
                └─ 设计自己的开场白，一个好的开场白能够突出
                    你的特色，给粉丝耳目一新的感觉
```

图4-20　直播内容设计流程

4.2　个人定位，关系重大

很多主播都会面临一个瓶颈期，由于平台的主播很多，外貌姣好的人数不胜

数，因此竞争压力非常大。在直播行业里有很多主播找不到自身的优势，导致直播的内容没有新意，用户关注量提不上去，主播的知名度低。

因此，主播想要找到前方的路，就需要对自己有一个清醒的认识，做好自身定位，清楚哪些人会关注你，怎么做才能达到你的目的。

4.2.1 明确方向，勇往直前

在直播行业中，有才华、有背景、有特色的主播很多，人人都想月入百万，但是只有少数定位准确、内容优质的主播做到了。没有好的定位，没有特殊才艺和独特个性，只播出很普通的东西，用户很容易就会忘记你。

很多主播之所以能获得成功，就是因为他们有自己精准的定位，有自己的特色和看点。例如，"口红一哥"李佳琦就是将自己的直播定位为带货直播，因为他的账号直播内容大部分都是在卖货，所以需要购买产品的用户就会慕名而来。由此可以看出，准确的定位不仅仅能扩大直播自身的优势，还能为主播贴上一个标签，让用户主动找上来。

因此，主播的个人定位和定位的选择尤其重要。每个主播都要找到适合自己的直播平台，选择适合自己的方向，给自己一个准确的定位，知道自己的优势和劣势，扬长避短，选择合适的内容进行直播，只有这样才能得到更好的发展。

选择合适的内容，是定位最重要一步。如果主播对接触的领域并不熟悉，对这一方面主播专业度不够，也会失去一部分用户。所以主播要选择自己擅长的方向，发挥自身的特长。那如何选择合适的内容，给自己进行精准定位呢？下面是在直播平台上比较火的直播类型，主播们可以根据自身的实际情况，选择适合自己的直播内容，明确自己的直播方向。

1. 美食主播内容定位

美食主播可以从以下类型入手做好内容定位。

- 第一种"大胃王"类型，现实生活中很多人是吃不了这么多的，因此，做这一类型的主播很容易就能吸引很多好奇的用户观看，用户会想看看这个主播到底能吃多少；也有一部分用户喜欢观看这种类型的直播，是因为能够引起食欲。
- 第二种是"黑暗料理"类型，通过混合不同种类的食物，制作常人不敢食用的黑暗料理，满足人们的猎奇心理。
- 第三种是寻找美食类型，由于很多用户对各地的美食有着好奇和憧憬，所以美食内容定位为到各地旅行寻找美食，能够满足很多用户的憧憬。
- 第四种是制作昂贵美食，美食内容定位是采用高端稀有的美食材料，制作高端昂贵美食，如图4-21所示。

图 4-21　美食主播内容定位为昂贵美食的案例

- 第五种是"乡野美食"类型，利用天然的材料，在户外制作美食，如图 4-22 所示。

图 4-22　美食主播内容定位为"乡野美食"的案例

当主播将自己的账号定位为美食类直播时，那么直播内容的重心就要放到美食上去，直播的内容可以是做美食和吃美食。

2. 游戏主播内容定位

游戏主播需要做好以下两个方面，第一，要擅长某一款游戏，比如：英雄联盟、王者荣耀、绝地求生、王者模拟战、逃离塔科夫等，如图 4-23 所示。

图 4-23　游戏主播擅长打英雄联盟的案例

用户对游戏主播打游戏的技术有一定的要求，如果主播打游戏不够擅长，那也就不能够吸引喜欢玩游戏的用户关注了。

第二，游戏解说风格要鲜明，解说方式有很多，可以使用方言与用户对话，也可以犀利吐槽、诙谐玩梗、说段子等。

3. 颜值主播内容定位

颜值主播需要明确穿衣风格、个人风格和语言风格这 3 点，确定好这 3 点，就能够塑造一个颜值主播的形象。

（1）穿衣风格：一个人的穿着要显示一个人的性格。

例如，主播穿一身小西装，化一个红唇就能显示出女主播的成熟性感；主播穿一件甜美小裙子，就能显示出主播的少女感，如图 4-24 所示；主播穿嘻哈风格的衣服，就显得主播又帅又酷等，如图 4-25 所示。

图4-24　少女穿搭的主播　　　　　图4-25　嘻哈穿搭的主播

（2）个人风格：选择好穿衣风格以后，主播就要树立自己的个人风格，大致有以下6种鲜明的个人风格。

- 第一种：温婉风格，恬静、古典、恬谧、淑雅、清丽、高雅。
- 第二种：高冷风格，冷酷、出位、叛逆、不惧、别致个性、标新立异。
- 第三种：少女风格，可爱、青春、萝莉、二次元、文艺清新、青春、活力、洒脱、可爱、身材娇小、五官甜美稚气。
- 第四种：大姐大风格，气场强、霸气、自信。
- 第五种：知性风格，端庄、典雅、高贵、严谨。
- 第六种：欧美风格，奔放、潇洒。

（3）语言风格：主播根据自己的穿衣风格和个人风格来改变自己的语言风格。有少女感的女主播语言风格是温柔的，可以用萝莉音与粉丝交流；大姐大风格的语言风格可以是搞笑的、幽默的、直白的等。

颜值主播在对自己的个人风格和穿衣风格进行明确定位之后，就可以根据自己人设的定位，发挥自己的特色，根据风格改变主播的穿衣、声调、发型、妆容，使观众一眼就能记住你。

4. 户外主播内容定位

许多人生活在快节奏的城市中，他们面临着各种生活压力、工作压力，所以很多人向往着乡村宁静自然的生活方式，即便是打鱼、摸虾等常见的农村生活内容，他们也非常感兴趣。户外主播可以根据这一群体的需求，策划直播内容。比如，采用简单的原材料在户外制作美食，也可以在野外露营、在户外画画、进行户外徒步等。

5. 人设演绎主播内容定位

人设演绎在近几年都是非常火的一种类型。例如，直播账号"逗斗剧场"在直播过程中，通过人设扮演进行小短剧的演绎。

该主播有一期直播内容是：高考前，孩子在被窝里认真看书，爸爸非常生气，爸爸严厉地让孩子马上去"学习"抖音里的舞蹈，抖音涨粉以后，才可以背15个单词。孩子委屈地表示，自己好想背单词，好想看书。在小短剧中，爸爸和孩子把"学习"和"游戏"进行互换，制造笑点，引发了用户的讨论。

6. 带货主播内容定位

带货主播要想知道自己擅长的方向，就要了解自己对哪一种类的产品感兴趣，并从中选择自己最擅长的一种作为主要的带货产品，重点做好一种类型的产品，以此来吸引用户，使用户一提到该主播就想起该主播的带货产品。

例如，淘宝主播用户"Fashion美美哒"，从账户名字，我们可以看出主播主要的带货产品与潮流搭配和彩妆相关。主播薇娅以前的直播同样是将重心放在服装上，名气变大以后，才开始涉及其他类型的产品。

7. 教育主播内容定位

教育类主播的专业性要强，要多在直播中讲一些专业领域内的知识，如自媒体营销、Excel技能等，如图4-26所示。

图4-26　教育主播内容定位

4.2.2 凸显优势，与众不同

一个好的定位能够凸显自身的优势，使自己发光发亮。主播要先找到自己喜欢的类别，找到自己与众不同的优势。

最好是根据自己的实际情况来挑选，这样才能起到更好的传播效果，如果选择的内容不是主播自己的优势和兴趣，很大可能达不到很好的直播效果，主播的直播内容会变得越来越乏味。

直播平台的主播数不胜数，那如何使自己从中脱颖而出呢？在此过程中，找到自身优势进行定位很重要，一个好的定位能够帮助主播凸显自身优势。

颜值主播在直播平台中非常多，而"一米五"的冯提莫却火了起来。现在，冯提莫已经不单单是一个优秀的主播，还是一个优秀的歌手，参加了很多歌唱节目。颜值主播都有姣好的颜值、火辣的身材，冯提莫是如何从颜值主播中脱颖而出的呢？

这主要是因为她在直播过程中找到了自己的优势，并结合自身的优势进行了精准的定位。最初冯提莫在斗鱼平台上只是一个小游戏主播，因为打游戏的时候经常喜欢哼歌，后来她选择从游戏主播转型成颜值主播，直播的主要内容就是给用户唱歌。

冯提莫通过在直播间翻唱《刚好遇见你》《凉凉》《沙漠骆驼》等歌曲而名声大噪，受到越来越多的人关注。她用甜美的形象、优美的歌声作为自己的优势，使得自己发光发亮起来。

4.2.3 方便策划，内容吸引

好的定位能帮助主播塑造自我形象、找到自己直播的方向，从而更好地策划直播的内容。

根据定位，我们可以了解到自己的优势、了解自己与其他同类账号的不同之处。根据定位学习同类主播的优势，便于主播更好地了解市场、了解自己的形象特色。

无论是什么类型的内容，都会有一定的用户群体，一个好的定位能够帮助主播更好地策划内容，吸引相关的用户。

4.2.4 根据需求，迎合用户

需求是在一定时期内，人们的某种需要或者欲望，通常来说，用户对有需求的内容会更加关注。主播需要了解用户的需求，满足用户的需求。因此，主播从用户的角度切入，结合用户的需求和自身专长进行定位也是一种不错的定位方法。

从用户的角度切入，要注意 3 点，笔者总结一下，如图 4-27 所示。

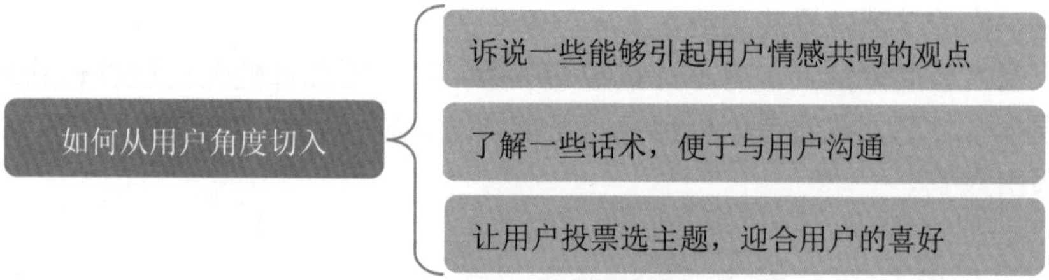

图 4-27 如何从用户角度切入

从用户角度切入，最重要的是了解用户究竟喜欢什么，对什么感兴趣。思考那些直播为什么如此火热？用户为什么会去看？

比如，现在关于潮流和美妆的直播是比较受欢迎的，因为直播的受众大多都是年轻群体，对于时尚有自己独特的追求，比如"清新夏日，甜美时尚减龄搭""小短腿的逆袭之路""微胖女孩儿的搭配小技巧"等内容都是用户所喜爱的。

做美妆直播也是如此，通过直播化妆，把握美妆或护肤品的产品优势。从用户角度出发，有些人是敏感肌、有些人是皮肤暗沉等。

推介产品的同时，讲授方法，帮助用户解决问题。除此之外，各种新鲜热点、猎奇心理等内容也能勾起用户的兴趣，主播需要从身边的事情挖掘，同时多多关注那些成功的直播是怎么做的，才能找准自己的定位。

4.2.5 根据稀缺，另辟蹊径

在这个信息过剩的时代，主播可以从稀缺内容方面做定位，例如，手工、母婴等方面。这些内容在直播平台中相对比较少，内容比较稀缺，潜在的用户数量大。

例如，李子柒的直播大火是因为像这种全部动手制作食材或者工具的直播号本身就很少，再加上移动网络的发展，人们的生活越来越忙碌，很多人没有在乡下生活过，所以对这样的内容就有了好奇心。

4.3 专业素质，提升自己

想要成为一名具有超高人气的主播，必不可少的就是专业能力。在竞争日益激烈的直播行业，主播只有培育好自身的专业能力，才能在直播这片肥沃的土壤上扎根。

4.3.1 才艺满满，耳目一新

主播应该具备各种各样的才艺，让观众可以观看欣赏。才艺的范围十分广泛，包括唱歌跳舞、乐器表演、书法绘画、游戏竞技等。

只要你的才艺让用户觉得耳目一新，能够引起他们的兴趣，并为你的才艺一掷千金，你的才艺就是成功的。

在各大直播平台上，有不计其数的主播，每个主播都拥有自己独有的才艺。无论是什么才艺，只要是积极且充满正能量的，能够展示自己的个性的，就会为主播吸引人气。

4.3.2　言之有物，绝不空谈

一个主播要想得到用户的认可和追随，那么他一定要有清晰且正确的三观，这样说出来的话才会让用户信服。

如果主播的观点既没有内涵，又没有深度，用户就不会长久地支持他。那么，主播应该如何才能做到言之有物呢？笔者总结出以下几点主播应具备的语言技巧。

- 对粉丝要有亲切的问候语。
- 使用通俗化的语言，言简意赅。
- 结合当下流行的热点词汇。

主播要想言之有物，就要在自己专业的领域，有自己专属的观点，不人云亦云，给用户积极的引导。

4.3.3　勤奋刻苦，持之以恒

很多主播在初入直播行业的时候，并不是很赚钱，也没有很多粉丝。如果背后有经纪公司的推广，可能收入会高一点。没有经纪公司推广的主播需要坚持的做直播，不断地积累粉丝，才会越来越好。

直播间大多数的粉丝都是日久生情的，主播的直播时间不固定或者在直播过程中随意下播，经常更换开播时间，会导致粉丝们在以往的时间点来平台但是没有看到主播的直播间开播，就会点进其他的直播间。

主播自己也会因为懒散而失去成功的机会，所以，随意更换直播的时间，会出现之前的粉丝无法再协调自己的观看时间，很可能之后就不再观看这个直播间了。

4.3.4　懂得倾听，做好互动

懂得倾听是一个人最美好的品质之一，同时也是主播必须具备的素质。主播除了要会和粉丝聊天外，还要懂得用心聆听用户的想法。

例如，知名游戏主播"UZI"听取粉丝的意见苦练"霞"这个"英雄"。主播"UZI"之前很少使用这个"英雄"，他本人也不是很擅长，但是粉丝觉得其他很多队伍都用过这个"英雄"，就在评论下面说，希望主播练一练。"UZI"虽然不擅长这个"英雄"，但是他还是参考了粉丝的意见，苦练技术。

在实际练习过程中，"UZI"的成绩并不是很好，并且出现了罕见的六连败。但是最后"UZI"在对阵"NB"的比赛中，通过这个"英雄"，他取得了很好的成绩，粉丝们都特别开心，主播也因此获得了无数粉丝的好评。由此我们看到，学会倾听粉丝的声音，也是一种联系粉丝的极好方法。

主播倾听用户的评论是非常有必要的，主播需要针对性地回答用户所提出的问题，让用户放心。在主播和用户交流沟通的互动过程中，虽然表面上看起来是主播占主导，但实际上是以用户为主，主播想要留住用户就需要认真倾听用户的心声和反馈。

4.3.5 回答问题，充分准备

有的主播回答不出粉丝的问题，就会插科打诨地蒙混过关。这种情况一次两次粉丝还能接受，但次数多了，粉丝就会怀疑主播是不是不重视，或者主播到底有没有专业能力。因此，主播在进行直播之前，特别是进行与专业技能相关的直播时，一定要准备充分。对自己要直播的内容做足功课，就好像老师上课之前要写教案备课一样。主播也要对自己的内容了如指掌，并尽可能地把资料备足，以应对直播过程中发生的突发状况。

例如，在企鹅电竞上有一个名为"棋协大师"象棋主播。由于象棋属于专业教学类的直播，而且爱好象棋的人数也有限，所以火热程度不如秀场直播、游戏直播那么多。但该主播十分专业，对用户提出的问题差不多都会给予专业性的回答，因此得到了一些象棋爱好者的喜欢和支持。

"棋协大师"之所以能赢得粉丝的认可，除了其出色的专业能力之外，还少不了他每期直播前所做的充分准备。例如，主播根据每期的特定主题准备内容、准备好用户可能提出的问题的答案等。充分的准备，就是棋协大师应对提问的法宝。

再如，做一场旅行直播，主播可以不用有和导游一样的专业能力，对任何问题都回答得头头是道，但也要在直播之前把旅游地点及其相关知识掌握好。这样才不至于在直播过程中一问三不知，也不用担心因为回答不出粉丝的问题而丧失人气。

4.3.6 突发事件，冷静处理

各种各样的突发事件在直播现场是不可避免的。当发生意外情况时，主播一定要稳住心态，让自己冷静下来，打好圆场，给自己台阶下。

比如，在带货主播李佳琦直播间有人刷恶评攻击小助理，在直播过程中，李佳琦没有歇斯底里地愤怒，也没有理会，而是专注于向粉丝介绍产品。很多人认为李佳琦冷血无情，不为小助理说话。直播结束以后，李佳琦更新了微博，并呼吁少一些网络暴力，很多粉丝看到后都在微博评论区留言表示心疼和支持李佳琦。

李佳琦在应对突发事件的处理方法上值得其他同业人员学习，面对恶评保持平常心、要冷静，事后回应。

在直播过程中，主播要把粉丝的眼光控制在自己手中，使粉丝的思维跟着主播的思维走，主播可以用才艺吸引粉丝的注意力，而不是纠结于不好的评论，使直播间全部都是糟糕的负面信息。

4.3.7 抓住矛盾，摩擦火花

当一名主播已经有了一定的阅历，对自己的粉丝也比较熟悉，知道对方喜欢什么或者讨厌什么，就可以适当地"损粉丝"，以达到幽默的效果。

比方说，粉丝说自己讨厌公司的食堂，认为那儿的饭菜实在难以下咽。那么主播就可以这样说"那天我买了个包子，吃完之后从嘴里拽出了两米长的菜叶子"等。这个事件的关键词就是"饭难吃"，主播就要说一些类似的事情，抓住粉丝的眼球，让粉丝产生同感。主播抓住事物的主要矛盾，这样才能摩擦出不一样的火花。

那么，主播在抓住矛盾、培养幽默技巧的时候，应该遵守哪些原则呢？笔者总结为6大点。

（1）积极乐观。

（2）与人为善。

（3）平等待人。

（4）宽容大度。

（5）委婉含蓄。

（6）把握分寸。

总之，主播在提升自身的幽默技巧时也不能忘了应该遵守的相关原则，这样才能更好地引导用户，给用户带来高质量的直播。

4.3.8 注意思考，亲切沟通

在直播的过程中，与粉丝的互动是不可或缺的。那么聊天也不可口无遮拦，主播要学会三思而后言，切记不要太过鲁莽，心直口快，以免对粉丝造成伤害或者引起粉丝的不悦。

此外，主播还应避免说一些不利于网友形象的话语，不仅要让粉丝觉得你平易近人、接地气，还要学会与用户保持一定的距离，玩笑不能开大了。那么，主播应该从哪些方面进行思考呢？笔者总结出以下3种思考角度，如图4-28所示。

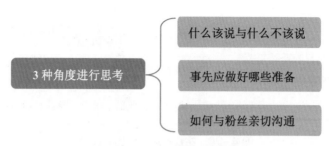

图4-28 3种角度进行思考

4.3.9 选择时机，事半功倍

挑对说话的时机也是主播必备的专业素质之一，每一个主播在表达自己的见解之前，都必须把握好用户的心理状态。比如，此时此刻，对方是否愿意接受这个信息？是否有意向购买？抓住用户心动的时机，进行推荐。

如果主播丝毫不顾及用户心理，用户并无需求，主播依旧极力推销，会让用户感到厌烦。因此不会把握说话的时机、把握需求，那么只会事倍功半，甚至做无用功。主播需要学会选择好的时机，让粉丝接受你的意见。

如果一个电商主播，在向用户推销自己的产品时，承诺给用户折扣，往往用户看到打折促销和折扣，就会观看直播。主播在直播的过程中要不断地抓住用户的痛点，激发用户的需求。

粉丝有任何问题，主播都应该在第一时间回答，把握时机适度推销。总之，把握好时机是培养主播专业素质的重要因素之一，只有选对时机，才能让用户接受你的意见，对你讲的内容感兴趣。

4.3.10 沟通竞赛，莫分高低

主播和粉丝交流沟通要谦和一些、友好一些。聊天不是辩论比赛，没必要分出个你高我低，更没有必要因为某句话或某个字眼而争论不休。

如果一个主播想借纠正粉丝的错误与粉丝争吵，来证明自己是对的。那么这个主播无疑是失败的。因为他忽略了最重要的一点，那就是直播是主播与用户聊天谈心的地方，不是辩论赛场，也不是相互攻击之处。

主播需要粉丝的人气支撑，如果败坏了口碑，失去了路人缘，对于主播来说是一个很大的损失。主播在与粉丝沟通时的诀窍，笔者总结为3点，如图4-29所示。

语言能力优秀与否，与主播的个人素质是分不开的。因此，在直播中，主播不仅要着力于提升自身的专业素质，同时也要全方面认识自身的缺点与不足，从而更好地为用户提供服务，成长为高人气的专业主播。

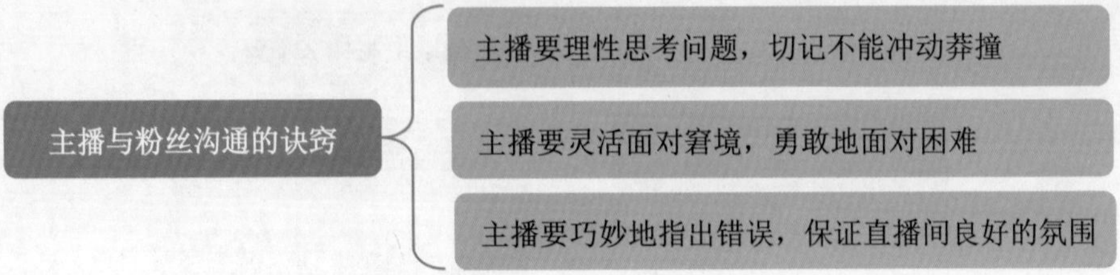

主播与粉丝沟通的诀窍

- 主播要理性思考问题，切记不能冲动莽撞
- 主播要灵活面对窘境，勇敢地面对困难
- 主播要巧妙地指出错误，保证直播间良好的氛围

图 4-29　主播与粉丝沟通的诀窍

4.3.11　公平公正，理性对待

在直播中会遇到个别粉丝爱挑刺儿、负能量爆棚又喜欢怨天尤人。这时候，就是考验主播语言能力的关键时刻了。

有的脾气急躁的主播，可能会按捺不住心中那一时的不满与怒火，将矛头指向粉丝，并给予其不恰当的人身攻击，这种行为是相当愚蠢的。

一名成功的主播，一定有他的过人之处。对粉丝的宽容大度和正确引导是主播培养专业素质的过程中所必不可少的因素之一。当然，正确的价值观也为主播的语言内容增添了不少光彩。

作为一名心思细腻、七窍玲珑的主播，应该懂得理性对待粉丝的消极行为和言论。那么，主要是从哪几个方面去做呢？笔者总结为 3 大点，如图 4-30 所示，为理性对待粉丝言论的技巧。

理性对待粉丝言论的技巧

- 对粉丝进行善意的提醒
- 明确告诉粉丝不对之处
- 不增加偏见，对事不对人

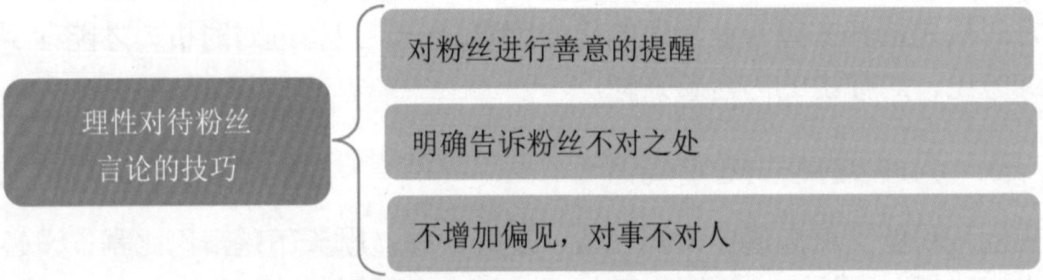

图 4-30　理性对待粉丝言论的技巧

对待负能量的用户，主播不能一时冲动去和用户争论，导致直播间的氛围变得负面消极，主播不能忘记这场直播的主要内容。如果是带货直播，就要专注于产品；如果是游戏直播，就要专注于游戏。

第 5 章

直播技巧大揭秘：打造万人直播间

学前提示

　　面对直播行业的迅猛发展，主播越来越多，竞争越来越大，想要打造"万人直播间"越来越困难，所以学会一定的直播技巧势在必行。这一章笔者将从直播过程、沟通话术、即兴表达、构思安排等方面讲解直播技巧，为主播排忧解难。

要点展示

- 开通直播，模式设置
- 直播技巧，提高人气
- 直播过程，明确方向
- 锻炼口才，沟通话术
- 即兴表达，注意事项
- 构思安排，即兴主题

5.1　开通直播，模式设置

对于主播来说，做好了直播前的准备工作后，就要进入实战了，直播开播也有很多相关技巧需要大家掌握，这一节笔者将从开通快手直播权限的方法、开通抖音直播权限的方法、做好直播的开播模式设置3个方面分别进行说明。

5.1.1　开通快手直播权限的方法

快手平台开通直播功能的操作方法如下。

步骤 01　打开快手App，进入主页菜单中，点击"设置"按钮，如图5-1所示。

步骤 02　进入"设置"界面后，找到"开通直播"选项，点击"开通直播"按钮，如图5-2所示。

图 5-1　点击"设置"按钮

图 5-2　点击"开通直播"按钮

步骤 03　进入"申请直播权限"界面，显示开通快手直播需要满足的相关条件，如图5-3所示。运营者可以按照页面的提示进行设置，满足快手直播的开放规则，即可开通快手直播功能。

例如，申请直播权限的第一条就是需要绑定手机号，运营者可以点击"去绑定"按钮跳转到"绑定手机号"界面，输入自己的手机号后根据提示进行操作即可，如图5-4所示。

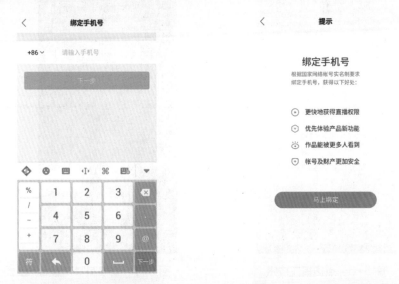

图 5-3　"申请直播权限"界面

再如，点击"实名认证"选项后的"去认证"按钮，运营者可以根据提示完成实名认证操作，如图 5-5 所示。

图 5-4　绑定手机号　　　　　　　图 5-5　实名认证操作提示

另外，运营者在开通快手直播权限前，一定要仔细阅读《主播注册条款》和《快手直播规范》，了解平台的运营规则。

专家提醒

运营者在上传本人身份证进行认证时，需要注意以下几点。

● 手持身份证拍照，且照片中的人物脸部必须清晰可见。

● 身份证信息清晰、完整，不能遮挡。

● 确保提交的照片信息真实有效，不能做任何修改。

5.1.2　开通抖音直播权限的方法

开通抖音直播权限的方式有很简单，下面笔者先来介绍如何直接开通抖音直播。

直接开通抖音直播只需进行实名认证，即可拥有直播权限，具体操作步骤如下。

步骤 01　打开抖音 App，点击 按钮，如图 5-6 所示。

步骤 02　切换至"开直播"模式，如图 5-7 所示。

图 5-6　点击相应按钮　　　　　图 5-7　切换至"开直播"模式

步骤 03　点击"开始视频直播"按钮，如图 5-8 所示。

步骤 04　❶输入相应内容；❷点击"同意协议并认证"按钮，如图 5-9 所示。执行操作后即可拥有直播权限。

图 5-8　点击相应按钮

图 5-9　点击相应按钮

5.1.3　做好直播的开播模式设置

以抖音直播为例，运营者可以先打开抖音 App，点击底部的"+"号按钮进入拍摄界面，然后点击"开直播"按钮进入开直播界面，如图 5-10 所示。除了视频直播外，界面上方还有语音、录屏、电脑 3 种开播模式可供运营者选择。例如，运营者如果不想露脸直播，他还可以选择语音直播，只要点击界面上方的"语言"按钮，就能切换到语音直播，如图 5-11 所示。

点击"更换封面"按钮，在弹出的菜单中可以选择"从手机相册选择"和"拍照"两种方式来更换封面，如图 5-12 所示。

若选择"拍照"选项，可以直接拍摄现场照片作为直播封面。若选择"从手机相册选择"选项，则可以进入手机相册中选择一张制作好的封面图片，通常还需要对图片进行修剪，使其符合直播封面图的尺寸规格，如图 5-13 所示。

确定封面范围后，点击 ✓ 按钮，即可更换直播封面，如图 5-14 所示。

图 5-10　进入开直播界面

图 5-11　选择开播模式

图 5-12　选择更换照片方式

图 5-13　修剪照片

图 5-14　更换直播封面

　　点击标题文本框，可以更改直播标题内容，如图 5-15 所示。运营者在开播前，千万不要忽视直播标题和封面的设置，漂亮的封面图片和有趣的标题文案，这些都是吸引大家进入直播间的关键因素，同时还会影响直播间的曝光量。

　　抖音直播自带多种美颜功能，运营者如果走颜值主播的路线，可以点击"开直播"主界面中的"美化"按钮，调出美颜、风格妆、滤镜 3 个美化工具，运营者可以在美颜选项卡中选择磨皮、瘦脸、大眼、小脸、窄脸等效果，从而帮助主播呈现更好的直播画面,如图 5-16 所示。

　　另外,运营者还可以在美化工具中切换成"滤镜"选项卡,在"滤镜"选项卡中选择合适的滤镜,使用滤镜能够全方位地衬托主播的靓丽容颜,如图 5-17 所示。

图 5-16　更改直播标题内容

图 5-17　直播美颜功能

　　设置好开播选项后,点击"开直播"主界面中的"开始视频直播"按钮,即可正式开始直播,如图 5-18 所示。

图 5-17　"滤镜"功能

图 5-18　开始直播

5.2　直播技巧，提高人气

本节主要介绍这些平台快速提高直播效果的技巧，以帮助大家能够快速地熟悉和掌握这些平台的规则和玩法，找到适合自己的直播平台。

5.2.1　直播功能玩法与互动技巧

以抖音直播为例，进入直播界面后，左上角是用户的主播头像和粉丝团按钮，点击该按钮可以邀请粉丝加入粉丝团，从而让直播间的活跃度得到快速提升，以及获得更多的粉丝团礼物，如图 5-19 所示。点击"粉丝团周奖励"右侧的按钮，可以查看粉丝团积分和奖励规则，如图 5-20 所示。

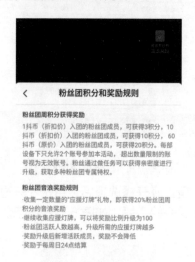

图 5-19　粉丝团管理　　　图 5-20　查看粉丝团积分和奖励规则

在直播界面底部，点击 PK 按钮，弹出"主播互动"菜单，点击"礼物 PK"按钮，可以与其他主播进行直播 PK 互动，如图 5-21 所示。

点击"连线模式"按钮，可以邀请抖音好友进行连线互动，让你成为直播间人气最旺的主播，如图 5-22 所示。在"主播连线"菜单中点击 ◎ 按钮，可以开启相关的邀请权限，如图 5-23 所示。

在直播界面底部，点击 ◎ 按钮，在弹出的互动玩法菜单中点击"礼物投票"按钮即可发起"礼物投票"，快速"炒热"直播间氛围，如图 5-24 所示。点击右上角的 ❓ 号按钮，显示"规则说明"，可以在此查看具体的玩法，如图 5-25 所示。

图 5-21　"礼物 PK"互动模式

图 5-22　邀请抖音好友

图 5-23　邀请权限设置

图 5-24　发起"礼物投票"

图 5-25　查看具体玩法

点击 按钮，在弹出的互动玩法菜单中还有一些可以在直播的同时和粉丝一起互动的游戏，如图 5-26 所示。

在直播主界面中点击 按钮，弹出装饰直播间的菜单，运营者可以进入美化工具中实时调整美颜和滤镜效果，选择各种工具、手势魔法和装扮贴纸效果，如图 5-27 所示。

图 5-26　在线互动游戏

图 5-27　直播调整菜单

点击直播主界面右下角的 按钮，进入"更多"界面，在该界面中点击礼物按钮 ，进入"礼物"界面后，运营者就可以使用更有趣的礼物互动玩法，调动粉丝送礼物的积极性，从而增加自己的直播收入，如图 5-28 所示。

运营者只需点击直播主界面右上角的 ▨▨ 按钮，即可结束直播，同时还会显示相关的总结数据，包括直播时长、收获音浪、送礼人数、观众总数、新增粉丝等，如图 5-29 所示。

图 5-28　礼物互动玩法　　　　　　图 5-29　查看本场直播数据

运营者可以对数据进行分析，为下一次直播进行优化调整提供有力依据，让你的直播变得更加精彩。

专家提醒

快手直播的互动玩法也非常丰富，具体内容如下。

（1）直播 K 歌：点击直播间左下角的"音乐"图标，进入曲库选择想要唱的歌曲，即可开始 K 歌。

（2）猜口令：点击直播间右下角的"…猜口令"按钮，按照页面提示操作即可发起猜口令。

（3）心愿单：这是"快手直播伴侣"的互动功能，主播可以在直播间展示"心愿单"，自动计算观众的礼物数量。

（4）直播连麦对战：包括"随机匹配""同城对战""才艺对战"和"邀请好友"等多种直播"连麦对战"互动玩法。

（5）"穿云箭"红包：当主播收到"穿云箭"礼物道具时，直播间会自动生成一个红包，直播间内的观众可以在倒计时内抢这个红包，能够给主播带来更多的人气。"穿云箭"红包内包含 288"快币"，费用由主播和平台分别承担一半。

5.2.2　了解平台规范，提升直播效果

所有直播平台都在提倡"绿色直播"，因此主播一定要关注各个平台的直播规范，与平台一起共同维护绿色、健康的网络生态环境。例如，在抖音"开直播"界面中，用户可以点击《抖音主播入驻协议》，查看具体的规范内容，如图 5-30 所示。

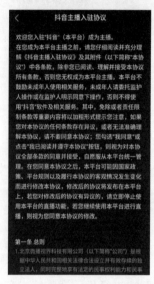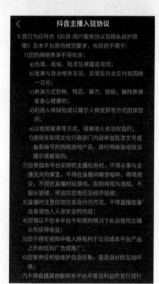

图 5-30　《抖音主播入驻协议》中的部分规则

在快手直播时，主播也需要遵循《快手直播规范》中的相关规则，给观众带来健康向上的直播内容，如图 5-31 所示。针对违反规则的主播，平台会根据违规情况给予永久封禁直播或账号、冻结礼物收益、停止当前直播、警告等不同程度的处罚。

图 5-31　《快手直播规范》中的部分规则

5.2.3　快速获得高人气的直播技巧

下面笔者总结了一些让主播直播间人气暴涨的技巧，如图 5-32 所示。

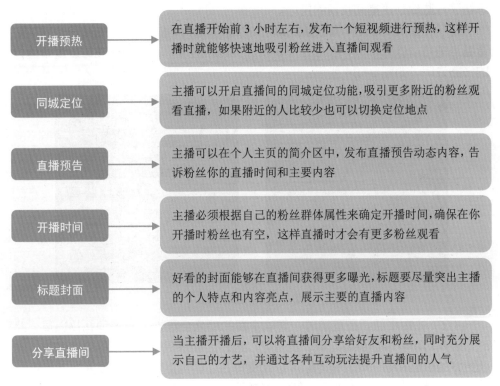

开播预热	在直播开始前 3 小时左右，发布一个短视频进行预热，这样开播时就能够快速地吸引粉丝进入直播间观看
同城定位	主播可以开启直播的同城定位功能，吸引更多附近的粉丝观看直播，如果附近的人比较少也可以切换定位地点
直播预告	主播可以在个人主页的简介区中，发布直播预告动态内容，告诉粉丝你的直播时间和主要内容
开播时间	主播必须根据自己的粉丝群体属性来确定开播时间，确保在你开播时粉丝也有空，这样直播时才会有更多粉丝观看
标题封面	好看的封面能够在直播间获得更多曝光，标题要尽量突出主播的个人特点和内容亮点，展示主要的直播内容
分享直播间	当主播开播后，可以将直播间分享给好友和粉丝，同时充分展示自己的才艺，并通过各种互动玩法提升直播间的人气

图 5-32　让主播直播间人气暴涨的技巧

另外，主播也可以积极参与平台推出的直播活动，赢取更多曝光机会和流量资源。如图 5-33 所示，为抖音推出的直播活动。

图 5-33　抖音推出的直播活动

5.2.4 轻松提升直播间收益的技巧

直播变现是很多主播梦寐以求的，下面笔者根据抖音和快手平台的变现方式，总结了一些提升直播间收益的技巧。

（1）主播任务。在抖音直播界面中，主播可以点击右上角的"主播任务"图标，查看当前可以做的任务，包括直播要求、奖励和进度，点击任务还可以查看具体的任务说明，如图 5-34 所示。

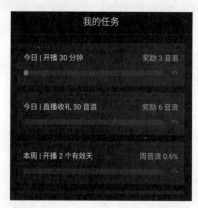

图 5-34　主播任务

（2）礼物收益。在直播时，喜欢主播的观众会给她送出各种礼物道具，此时一定要对粉丝表达感谢之情。主播可以通过活动来提升直播间的热度氛围，收获更多的粉丝礼物，同时还可以冲进比赛排名，得到更高的礼物收入。

（3）电商收益。主播可以在直播的同时卖货，做电商直播来赚取佣金收入。例如，在抖音直播中，主播可以点击 按钮进入"直播商品"界面，添加直播商品，如图 5-35 所示。

图 5-35　添加直播商品

5.3 直播过程，明确方向

如果一个新手主播，在直播过程中没有占有主导地位，而是迷糊、盲从，在直播时对于主场没有很好的把握，主播很容易越播越迷茫。主播设计不好直播内容，关注的人不多，这样容易丧失信心，所以广大主播不要盲目开播，事前要确定好自己的风格。

5.3.1 内容多变，风格不变

好吃的美食外表不吸引人，也不会吸引大批食客，再好看的美味，没有独特的味道也不会招徕顾客。作为主播，长得好看的确是先天优势，但是美貌终究会消失，唯有做好内容的主播才能在竞争激烈的直播平台闯出一片天。

在直播平台上，一些主播并不靠外表取胜，反而扮丑自黑。例如：搞笑风格的主播"舞帝金大锤"，封面是犀利的发型、夸张的眼线和瞪大的眼珠。直播过程中，主播用东北的方言"欢迎回家啊！""拉倒吧！兄弟们""烦人""走一个""感谢大哥"等关键词吸引粉丝。

主播"舞帝金大锤"运用夸张的表演，故意扮丑增加笑点，吸引粉丝送出小礼物。她每说一个段子，就有自带的音效烘托，让人有一种开心的感觉。不仅如此，她还非常善于把握自身特色与粉丝沟通交流互动，关注粉丝的评论，用诙谐的语言回复粉丝，尽可能满足一些老粉丝的要求。例如，为了满足粉丝的要求，"舞帝金大锤"会对着镜头唱《忐忑》。

如果直播间里没有笑点，主播"舞帝金大锤"还会通过策划活动来吸引眼球。例如，给粉丝表演，自己最多能穿多少层衣服，边穿衣服边互动。

直播平台不缺少美女，缺少的是有趣的内容，只有内容有趣，粉丝才会经常来到你的直播间。尽管没有姣好的外表，但是这些主播的个性突出，直播风格自成一派，并不断地向粉丝展示自己的魅力，给人开心愉悦的感受，这样很容易就能吸引一大波粉丝了。

主播的风格就是自己与众不同的标签，多观摩其他主播的直播风格，找到和自己相貌、气质都相像的直播，进行学习并找到属于自己的风格。

5.3.2 语言动作，实力控场

在直播的时候，主播可能会遇到各色各样观看直播的人，有老粉丝，也有游客；有消费的人也有不消费的人。只要主播能够热情洋溢，吸引粉丝驻足是轻而易举的事。反之，主播冷淡话少，直播间冷冷清清，就不会有人观看了。

每当有粉丝来到直播间，主播都要表示热情的欢迎，要在粉丝刚刚认识你的时候就吸引住他们。主播要多与粉丝进行互动，找话题，用话题吸引粉丝，活跃直播间的气氛。只欢迎粉丝，却没什么话题，直播冷场了，粉丝就会立即离开。那么，怎么更好地吸引粉丝呢？主播可以重点把握以下几点。

1. 避免冷场，表演才艺

直播过程中，主播可以表演才艺，如唱歌、弹琴、脱口秀、画画、讲笑话等。设想一个外貌很普通的女主播，唱歌却很好听，反差之下，会显得更有魅力，自然而然就能吸引到粉丝了。设计一些小游戏互动环节，同时可以送粉丝小礼物，让直播间显得更有生气，让粉丝互动起来。

2. 表情动作，生动有趣

性格阳光、开朗的主播，容易聚集更多的人气。许多主播人气不够，原因之一就是不够活泼，简言之，就是放不开，不好意思。

在直播过程中，没有高潮，主播个人也没有特别大的情绪浮动的话，这种直播内容明显就不能够给用户耳目一新或者愉悦的感觉。所以，主播对新来的粉丝不够热情，直播现场活动度不够，无法调动粉丝情绪，直播粉丝参与度通常不高，关注的用户自然也不多。

主播可以想一个只属于自己的标志性动作，给粉丝带来美好的视觉感受，如剪刀手卖萌、比心、吐舌头、捂下巴等动作，让粉丝觉得性格好，对主播产生好感，如图 5-36 所示。

图 5-36　直播过程中的标志性动作示例

3. 用关键词，吸引粉丝

主播必须学会调节气氛，用一个系列的关键词来吸引粉丝。例如，带货主播李佳琦经常在直播间说，"哈喽，哈喽，大家好，我们来咯！我们主播开始了。""买它！买它！买它！""真的好好看！""我的个天啊！""OMG！""Amazing！"等关键词，吸引大量用户成为自己的粉丝，并且能留住粉丝成为自己的铁杆粉。

4. 聊天互动，加深了解

直播接近尾声的时候要学会和粉丝聊天互动，让粉丝慢慢认识你。这时候，主播可以和大家聊聊天，不管是老用户还是新用户，主动和他们打招呼，闲聊家常就是一种主动拉近距离的表现。主播主动询问粉丝想要看什么，不仅能与粉丝进行互动，还能让粉丝觉得自己受到了尊重，赢得了用户的好感，吸引用户下一次观看。

5. 收到礼物，表示感谢

当主播收到礼物的时候，无论大小，都要向粉丝表达尊重感谢，热情地说"谢谢 XX 送来的贴心小礼物！""感谢老铁！"等，让粉丝感受到主播的诚意与热情。

切记，当没有收到礼物的时候，不能生硬地索要，带有强烈的目的性，会引起粉丝的反感。如果主播想要礼物，可以撒娇，或者用一些暗喻的话索取礼物。譬如："好久没有看到过 XX 礼物了！""求上榜！"等，增加粉丝送礼物的积极性。

6. 声情并茂，分享生活

主播可以在直播中展示自己最真实的一面，如自己的遭遇，或者自己的快乐和收获。当你的老粉丝觉得你过得不好，就会支持你、同情你；看到你过得好，就会激励你、鼓励你。一个人物加一个热门事件，也可以让你的粉丝数大涨。

7. 淡定幽默，回复恶评

网络上什么样的人都有，主播有时候也会遇到粉丝的语言攻击。遇到这种情况，主播要淡定处理，可以反驳，但不能言语过激。如果主播辱骂粉丝，会有一些负面影响，还有可能会被封号，这些都是不利于长远发展的。

5.4　锻炼口才，沟通话术

我们都知道，好的口才能够给人愉悦舒适感。如果说话者有一个好口才，能够清晰地表达自己的想法，就能够加深别人对你的印象，让别人更加理解你，甚至因为你的话而受到启发。

那么主播该如何锻炼自己的口才呢？主播可以通过话术拉近与粉丝的距离，制造话题，与粉丝更好地互动。

5.4.1　欢迎话术，热情洋溢

当有用户进入直播间时，直播的评论区会显示有用户进入直播间的信息。主播在看到进入直播间的用户之后，可以对其表示欢迎。

具体来说，常见的欢迎话术主要包括 4 种，具体方法如下。

● 结合自身特色，如："欢迎 ×××来到我的直播间，希望我的歌声能够给您带来愉悦的心情。"

- 根据用户的名字，如："欢迎×××的到来，看名字，你是很喜欢玩《××××》游戏吗？真巧，这款游戏我也经常玩，有空可以一起玩呀！"
- 根据用户的等级，如："欢迎×××进入直播间，哇，这么高的等级，看来是一位大佬了，求守护呀！"
- 表示对忠实粉丝的欢迎，如："欢迎×××回到我的直播间，差不多每场直播都能看到你，感谢一直以来的支持呀！"

5.4.2　感谢话术，表达感恩

当用户在主播的介绍下，决定购买产品时，或者有人刷礼物时，主播可以通过一定的话语对用户表示感谢，让他知道你收到他的礼物是很感激的。常见的主播感谢话术主要包括两种，具体方法如下。

- 对购买产品的感谢，如："谢谢大家的支持，×× 不到 1 小时就卖出了 500 件，大家太给力了，爱你们哦！"
- 对刷礼物的感谢，如："感谢 ×× 哥的嘉年华，这一下就让对方失去了战斗力，估计以后他都不敢找我 PK 了。"

5.4.3　提问话术，激起回应

在直播间向用户提问时，主播要使用能提高用户积极性的话语。笔者认为，主播可以从以下两个方面进行思考，具体方法如下。

- 主动提供选择项，如："接下来，我给大家表演才艺，大家是想听我唱歌，还是想看我跳舞呢？"
- 提高用户的参与度，如："想听我唱歌的打 1，想看我跳舞的打 2，我听大家的安排，好吗？"

5.4.4　下播话术，引起期待

每场直播都有下播的时候，当直播即将结束时，主播应该通过下播话术向用户传达信号，具体方法如下。

- 感谢陪伴，如："直播马上就要结束了，感谢大家在百忙之中抽出宝贵的时间来看我的直播。你们就是我直播的动力，是大家的支持让我一直坚持到了现在。期待下次直播还能在这里看到大家！"
- 直播预告，如："这次直播马上就要接近尾声了，时间太匆匆，还没和大家玩够就要暂时说再见了。喜欢主播的可以明晚 8 点进入我的直播间，到时候我们再一起玩呀！"
- 表示祝福，如："时间不早了，主播要下班了。大家好好休息，做个好梦，我们来日再聚！"

5.4.5 引导话术，刺激消费

在电商直播带货中，主播想要营销产品，让用户下单，其引导话术是必不可少的。主播要懂得引导用户，根据自身的目的，让用户为你助力。

对此，主播也可以根据自己的目的，用不同的话术对直播间的用户进行引导，具体方法如下。

- 引导购买，如："天啊！果然好东西都很受欢迎，半个小时不到，××已经只剩下不到一半的库存了，要买。"
- 引导刷礼物，如："我被对方超过了，大家给给力，让对方看看我们真正的实力！"
- 引导直播氛围，如："咦！是我的信号断了吗？怎么我的直播评论区一直没有变化呢？喂！大家听不听得到我的声音呀，听到的宝宝请在评论区扣个 1。"

5.5 即兴表达，注意事项

什么叫作即兴表达，就是当时的所思所想所感。即兴表达需要很强的知识储备，是一种临时性的，没有任何准备的表达。它需要表达者来不及做好深思熟虑就马上对当时的情况作出反应。

但是在神经高度紧张的环境下，人们很容易因为犯错而说错话，或者为了避免尴尬，就说一些违心的话。而淡定地应对，则能巧妙地化解问题。

当主播被问到一些敏感话题，但是要马上回答用户的时候，需要注意哪些地方呢？本节为大家细细说明。

5.5.1 表达通俗，平易近人

主播的表达要力求通俗化，通俗化的语言可以使所有的用户都能理解主播所表达的内容，并且给用户一种亲切感。主播要尽量少用书面语，多用口语词汇。

夸奖别人要具体，当主播想夸奖一个用户"有趣、开朗"的时候，不要用简单的词汇，用一些具体的话来表达，让用户感受更加深刻。在直播过程中，主播要源源不断地制造话题，与用户聊天，去接近用户。只有让直播间热闹起来，才会有越来越多的人关注、了解主播。

例如，抖音主播"开心果九儿"就擅长用通俗的语言和粉丝聊家长里短，用东北的方言与粉丝互动，"××× 好久没见你来我直播间了""你要上班了啊，你快去吧，祝你工作顺顺利利哈""我是一个全能主播，我啥都会"等，让粉丝感觉到主播非常平易近人。

5.5.2 表达质量，情感沟通

主播如何将自己想表达的东西准确地传达给用户呢？有很多主播，虽然直播的时间很长，但是反响平平，很大一部分原因就是无法和粉丝产生共鸣。

表达不在于多，而在于精，在于有多少粉丝愿意听你讲话。在直播过程中，主播要学会提高表达的质量。

直播间就是主播和观众沟通互动的重要桥梁，主播除了要善于调动现场气氛外，还要尽可能地增加与粉丝间的交流，提高每个人的参与感。笔者总结了以下几个需要主播特别注意的点，帮助主播提高表达的质量。

1. 常常感谢粉丝

主播要有感恩的心，每当有粉丝为你刷礼物时，主播都要在直播间对粉丝进行感谢。比如，"谢谢 XX 的小火箭""感谢 XX 经常到我的直播间""谢谢 XX 的支持"等。

主播的语言就是情感表达的窗口，主播通过语言使粉丝觉得主播很需要他们，从而获得满足感，并愿意持续支持主播。一个成功的主播，背后离不开粉丝的支持。

例如，主播"油条"凭着优秀的游戏技术和幽默的直播风格收获了很多粉丝。主播"油条"不仅经常感谢粉丝，也常常回馈粉丝。他经常在直播中送出现金红包，甚至会亲自买礼物送给支持自己的粉丝。主播对粉丝上心，同时也是在建立自己良好的口碑。

2. 注意肢体动作

主播可以运用"笔芯"、剪刀手等动作，给用户造成感官的刺激，让观众感受到主播的激情与热情，这样更容易让观众对主播产生好感，从而更有意愿消费打赏。例如，在斗鱼平台上，左右两边的女主播 PK，右边的女主播上下举手，鼓励用户支持自己，胜率明显比左边的主播高。

3. 让粉丝和你感同身受

主播想要提升表达质量，既要学会倾听，也要学会营造氛围。粉丝只愿意听他们爱听的、感兴趣的内容。主播可以讲一些生活上的事情，使直播间充满生活的气息。另外，主播还可以通过语言讲述自己的亲身经历，使主播更加接地气，拉近主播与粉丝的距离。

4. 平时多积累段子

主播要多锻炼自己的说话能力。不管有多少人观看，一个人必须要撑起一台戏，就算是自己一个人，也要让自己的直播间热热闹闹，使出自己的浑身解数来让粉丝开心，所以平时一定要积累一些段子和一些搞笑的故事。

5. 找到自己的表达风格

对于主播来讲，一个好的表达比好的外在形象更加吸引用户，而且搞笑逗乐的表达风格更容易吸引粉丝的持续关注。作为一个主播就是要完全把控整场节奏。很多主播一上来就是一句东北方言，让粉丝一下子就开心起来了，氛围也就活跃起来了，观众也越听越有精神，越看越有趣。

5.5.3　态势语言，表达情绪

"态势语"就是你口头语言以外的表达。例如你的语调、语气、表情、动作等的表现，这些"态势语"都可以影响到你表达的好坏。小动作和微表情能够看出一个人当时的心情和这个人本身的性格。

同样是"我爱你"，如果你用深情的语气说，会给人一种庄重的感觉；而用搞怪的语气说，则会给人一种在开玩笑的感觉。

主播在推荐服装的时候，可以适当地配合一些肢体语言，这样不仅可以使自己介绍服装的形式更丰富，也可以吸引观众和粉丝的注意力，让他们更加集中地观看主播进行商品介绍。

5.6　构思安排，即兴主题

主播在策划直播内容的时候，可以想一些即兴的主题。因为直播是实时的，为了避免直播间出现没有话题的情况，在刚开始做主播，积累粉丝的时候，要时刻做好直播即兴表达的准备。

了解自己的粉丝喜欢什么，关注什么，增加知识面，才能够有充足的信心去面对用户。不论是什么话题，主播都可以说上几句，都懂一点点，给用户的感觉是你什么都会，是一个有趣的主播。

例如，某明星作为一个搞笑明星，经常被观众要求在舞台上即兴表演节目。一个人的即兴表演能够看出来这个人面对挑战突发事件的反应和表演的专业素养。每次他都以出人意料的表演逗乐全场。

对于主播来讲，直播经验是主播经过多次直播，不断地积累而来的，如果我们没有丰富的经验，就要做好准备。不仅要做好直播内容的准备，也要根据直播内容发散思维做好应急准备。

例如，准备一些当下时新的话题；多准备一些与粉丝互动的活动；聊一聊最新的电视剧、八卦和喜欢的歌；讲一些自己新买的衣服、最近发生的事情、搞笑的段子、脑筋急转弯等。这一节笔者将从提取关键、话题联想、询问自己、转换角度4个方面介绍关于即兴主题的构思安排。

5.6.1 提取关键，简明扼要

当我们看到用户滔滔不绝地发表自己的意见，而自己却又不知道说什么时，可以从用户的说话内容中提取关键词，寻找话题，进而引发自己的下一个话题。

例如，南波儿在电竞圈是比较火的女主播，因为她长相清纯可人，游戏操作好，所以深受广大用户的喜欢。南波儿经常在微博晒出自己的美照，有一次，网友在南波儿晒出的一张身着一袭白色纱裙的照片中发现，虽然照片里的南波儿容貌姣好，但是小腿却有些粗壮。很多网友就给主播留言，认为主播的腿好粗、长胖了等。

南波儿根据网友的评论，选择一个话题关键词"腿粗"进行回应，说照片小腿粗是因为角度问题。从该案例中可以看到，南波儿便是通过从粉丝的评论中提取关键词进行回复的方法，制造了下一个话题。

在直播带货时也是一样，主播不用回复所有用户的评论，从一些常见的问题里提取关键词，回答用户的疑惑就可以了。

5.6.2 话题联想，引发笑点

大部分用户观看直播就是为了娱乐，打发无聊的时间。对于这部分用户来说，只要有趣，任何话题都是好话题。当不知道该说什么时，主播可以通过联想，充分发挥想象力，与用户侃侃而谈，引发笑点、制造欢乐。

例如，游戏主播周淑怡在读邮件的时候，发现有一个粉丝经常发给自己同一张图片，并配文问她，为什么给他签名签了一个火柴人。周淑怡说："你是觉得我签名丑吗？哪里像火柴人了。"并吐槽这位粉丝是在秀签名。

直到粉丝给主播发了一张图，如图 5-37 所示，为周淑怡粉丝制作的签名。左边是主播的签名，右边是粉丝制作的图片。

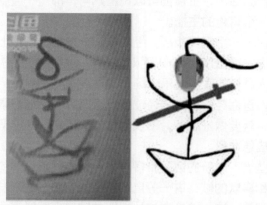

图 5-37　周淑怡粉丝制作的签名

主播看到这张图哈哈大笑，并在直播间展示给其他粉丝，回复该粉丝太有艺术细胞了。原来，这位粉丝运用联想的方法，在签名上 P 了一个主播的头像，这样一看，签名真的就像火柴人了，而直播间的其他用户看到该图片之后也笑了起来。

5.6.3　询问自己，了解优势

当直播间即将面临冷场，主播不知道自己该说什么时。主播可以询问自己，最近自己发生了什么事情、自己有什么别的才艺、有什么想要表达的观点、还有没有其他可以讲述的内容，迫使自己开动脑筋。

主播可以通过问自己问题，了解自己的优势。例如，爱吐槽的 papi 酱，全能翻唱歌手冯提莫等都是通过不断地自我探寻，找到自己擅长什么和喜爱什么，最后找到自己与众不同之处。

每一个主播都要掌握好自己的主题，通过自我询问对自己的直播内容产生清晰的认识。在日常生活当中，当你无话可说的时候，可以由周围的事物入手思考，通过询问自己，找到适合自己的方向以及与粉丝沟通的技巧。

很多主播都是通过自我询问和审视找到了自己的直播方向。例如，哔哩哔哩的"逆风笑"对很多游戏都有着自己独特的见解，所以他的直播内容都很风趣幽默。正是因为他找到了自己的风格，逐渐吸引了很多粉丝。

5.6.4　转换角度，积极表达

作为一个有很多用户关注的主播，要对用户有一个很好的导向。面对粉丝的质疑，有些主播选择破口大骂；有些选择自嘲、用幽默的态度自黑来吸引粉丝。不同的态度，有不同的结果，选择破口大骂的主播，负面新闻会增加；选择自嘲自黑的主播可能因为面对攻击乐观的态度而吸引用户。

从前，有一则寓言故事，古代有一个国王，做了一个噩梦，梦到大山倒了，花也谢了。国王寻找王后解梦，王后说："这梦不吉祥，大山倒塌会砸伤人们，花谢了代表国家好景不长了。"国王被吓得一病不起。

但是，有一位大臣进宫，面见国王说："国王大可放心，山川倒了证明天下太平，再也没有山匪盗贼，花谢了见果子呀。"听完大臣的话，国王一下子变得开朗起来，他的病也就好起来了。

由此证明，转换表达角度能给人带来不同的心境。主播要为用户营造快乐的氛围，为更多的粉丝答疑解惑，使粉丝觉得充满希望。

第6章

直播带货效果翻倍："种草"是关键

学前提示

"种草"导购是直播带货的关键，利用直播来引导消费者进行消费是直播的价值所在，那么如何在直播中形成"种草"效果呢？本章笔者就从做好种草的必备因素、种草产品的5大玩法以及直播种草的主要策略等3个方面，为大家具体介绍直播带货的策略。

要点展示

- 做好种草，必备因素
- 种草产品，5大玩法
- 直播种草，主要策略

6.1 做好种草，必备因素

网络名词"种草"的意思是指某人将一件物品推荐给另一个人，激发另一个人的购买欲，使另一个人也购买，这就叫一个人给另一个人种草。这里的"草"可以指"长势很凶猛的购买欲"，也可以指代"推荐的物品"。这一节就具体讲述主播在"种草"前要做好的事。

6.1.1 充足货源，保证速度

主播在"种草"前需要了解供应商拥有的货物数量和物流速度。充足的货源意味着当主播把产品推广出去以后，用户已经付款，供货商就能够立即发货，不会出现订单延迟、用户投诉的情况。让货物以最快的速度到达用户的手中，使用户得到满意的消费体验。反之，没有充足的货源，往往会收到很多用户的催促和投诉，带货主播也会受到不好的影响。

例如，某用户在直播中购买了拉面，但是商家却逾期未发货，于是该用户向新浪旗下的消费者服务平台"黑猫投诉"进行投诉，要求商家进行退款、赔偿、道歉、作出处罚和发货，如图 6-1 所示。

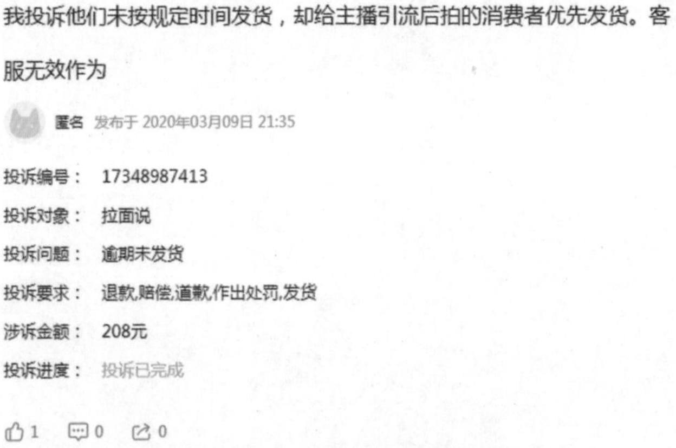

我投诉他们未按规定时间发货，却给主播引流后拍的消费者优先发货。客

服无效作为

匿名　发布于 2020年03月09日 21:35

投诉编号：　17348987413

投诉对象：　拉面说

投诉问题：　逾期未发货

投诉要求：　退款,赔偿,道歉,作出处罚,发货

涉诉金额：　208元

投诉进度：　投诉已完成

👍1　💬0　↗0

图 6-1　用户在"黑猫投诉"平台进行投诉

充足的货源还有一个好处，就是产品的种类多且齐全。在直播过程中，种类多可以使用户有更多的选择权，用户不喜欢粉色，但可能喜欢白色，只要提供的选择多，就更能吸引用户购买，如图 6-2 所示。

有些直播间，刚一进去，货物就被抢光了，还有一些用户想买但是买不到，这就使商家失去了一些订单。有些用户对自己喜欢的产品都有固定的要求，如果让自己满意的商品下架了，用户就不会购买了。

图 6-2　货源充足的直播产品示例

　　由此来看，直播种草的基础就是充足的货源。主播对供应商的选择是非常重要的，主播没选好供应商就会出现缺货和发货慢的问题。

6.1.2　原创视频，吸引用户

　　在直播之前要对产品有更加深入的了解，商家可以拍摄相关小视频展示产品的外观和性能，如图 6-3 所示。

图 6-3　展示产品外观和性能的示例

小视频可以使得用户在观看直播之前通过视频内容直观地了解产品，增加用户的购买欲望，通过小视频展示，吸引更多的用户。如图6-4所示，为该主播通过展示鞋子的外观、功能和亮点，吸引了10多万粉丝观看。

图6-4   通过小视频吸引粉丝观看直播的示例

6.1.3   突出优势，打动用户

主播要从用户的角度进行思考，思考产品能够给用户带来什么样的改变，哪些地方会吸引用户购买下单。用户购买某一产品，首先考虑的应该是产品能给他们带来什么样的利益，也就是产品能影响到用户的哪些切身利益。

因此，主播需要做足功课，在进行直播前要知道产品的卖点和优势，靠这些优势去影响用户、打动用户。如果在直播中，你介绍得不够详细全面，用户可能因为了解不够仔细而放弃下单。

例如，某知名节目主持人第一次直播带货时就因为不了解产品的优势，貂皮大衣未卖出一件，奶粉也只卖出了26桶。

一般来说，假设某一产品在直播过程中所体现的产品功能让用户感到是对自己有益的，那么就能打动用户和激发用户购买欲望，实现营销目标。

比如，主播可以运用对比突出产品优势，从消费者的角度对产品进行全面、详细的介绍。必要时，可以利用认知对比原理，将自身产品与其他的店家产品进行比较，体现自身的优势。

例如，在包包的直播中，主播可以将正品与市场上的假货进行比较，向用户展示自身产品的优势，让用户在对比中提高对产品的认知，如图6-5所示。

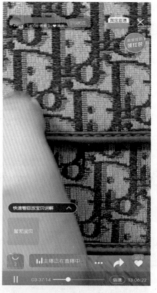

图6-5　向用户展示自身产品优势的示例

又如，淘宝店铺"丸子酱眼部护理"的主播开始介绍丸美眼霜的优势，如图6-6所示。

图6-6　"丸子酱眼部护理"的直播

产品的优势就是该品牌护肤品是从眼霜做起的，有专业的眼部肌肤研发中心。主播就是通过这些亮点对比其他品牌的眼霜，增加自己产品的优势，吸引用户购买。

6.2　种草产品，5 大玩法

直播带货的营销价值正在逐渐被人们认识，一场好的直播，对品牌方来说是一种塑造自身口碑、促进销量的方式。主播应该如何吸引用户购买，提高成交量呢？

本节向读者介绍 5 种主播种草的玩法。

6.2.1　开箱种草，吸引注意

开箱种草是主播吸引用户观看的有效方式，因为这样的形式能带动观众的情绪，让用户有看下去的欲望，如图 6-7 所示。

图 6-7　开箱种草示例

先让用户猜一猜会介绍什么产品，引发用户的好奇心。并且主播在拆开包装之前，可以摇一摇或者向用户描述自己的感觉，用非常激动的心情带动用户的情绪，使用户产生好奇。

例如，某主播在拆开品牌商品包裹以后，主播脸上出现惊讶、激动的表情，为用户营造一种惊喜的氛围。观看直播的用户也会感同身受，这样也能引导用户释放自己的购物欲望，完成种草。

专家提醒

　　剧情式种草是主播利用生活中常见的情节及道具，设计一场小短剧，根据自身的人设推广产品或提到产品，让用户在观看表演的同时，加深对产品的理解，触达消费终端。也可以运用话题，将话题与产品联系起来。

6.2.2　测评种草，内容丰富

　　测评种草是近几年比较流行的产品推广方式，常见的测评方法有 3 种。

　　主播将各个品牌的产品汇总，进行比较测评。主播亲自试用产品并向受众分享产品的使用感受、性能。如图 6-8 所示，为网红月饼的测评种草直播。

图 6-8　网红月饼测评种草直播

　　主播也可以用测评打假的方式，介绍劣质产品的特点，然后再向用户种草其他产品。

　　主播可以正话反说，先用犀利的语言将用户吸引，然后再全方位地向用户展示产品，将不好的评论转化。

6.2.3　知识分享，干货满满

　　在直播平台上有很多做知识分享类种草的账号，主要方式是主播从自身角度讲述自己在这一领域的心得。例如，主播可以从护肤美容、化妆、穿衣显瘦等生活实用技巧分享方面向用户种草或者拔草等。如图6-9所示，为美甲知识分享种草直播。

图6-9 美甲知识分享种草直播

知识分享种草的好处是，主播在直播过程中不会单刀直入地介绍产品的性能、产地让用户去购买，而是从个人的体验经历、产品的对比、使用方法等角度讲解产品。主播通过理论知识向用户推广，使用户对产品产生认同。最后，观众购买产品的同时，也学习到了一些产品相关的小技巧。

例如，某主播在直播时介绍法国香水，主播首先介绍香水的历史、香水的使用方法、香水的使用误区等。其次，在知识科普的过程中捎带介绍"香奈儿5号香水"的优点和个人喜欢的使用方法。知识分享种草更像是一个朋友的知心推荐，这个时候不管是硬植入还是软植入，都不会让粉丝太反感。

6.2.4　明星种草，借助名气

明星嘉宾种草是近年来最受用户欢迎的一种种草模式，话题明星能够吸引用户的眼球，而且很多明星带货都取得了不错的成绩。

有一些明星自己做主播，参与带货，也有一些明星到其他主播的直播间帮忙带货，无论是哪一种方式，都吸引了一大波用户流量。

例如，某演员现在就变身抖音主播。其本身就是一个知名的公众人物，他的直播间比一般带货小主播的直播间更容易吸引用户去观看，并且他又有很强的"综艺感"，他幽默的语言经常逗笑直播间的用户。他通过淘宝直播，线上售卖珠宝，总共卖出了一万多件珠宝，成交额超过 300 万元。

淘宝主播"薇娅 viya"也会利用明星效应，邀请当下知名的明星来到直播间和粉丝交流互动。例如，某流量明星来到直播间时就有 2000 万人观看直播。在直播间里，他和主播聊天自拍、向主播学习如何带货等。

主播通过邀请明星来到直播间，不仅可以给主播自身带来名气和关注度，而且明星也可以通过来到直播间和用户见面，实现与粉丝亲密的实时互动。

6.2.5 种草名单，展示大纲

主播在直播推荐过后，可以用一个小黑板，写一个大纲，向用户展示本次直播的所有内容干货，做一个总结给用户增加印象，如图 6-10 所示，这就是"种草名单"。通过名单给用户最后留下一个很好的总结，方便用户截图保存。

6.3 直播种草，主要策略

所有的直播营销，最终目的都只有一个：变现。变现即利用各种方法，吸引用户流量，让用户购买产品、参与直播活动，让流量变为销量，从而获得盈利。本节将向大家介绍 6 种直播带货变现的策略，以供参考。

图 6-10 展示内容干货的种草名单

6.3.1 展现细节，突出优势

直播与其他营销方式最大的不同就是直播能够更加直观地让用户看到产品的优劣，从而让用户放心，并爽快地购买产品。

要做到这一点，商家就要在镜头前充分展现出产品的优势，具体应该怎么做呢？笔者将其总结为以下 3 点。

（1）主播要展示产品的近景和远景，给用户不同的感受。

（2）主播要呈现产品细节，用细节吸引用户。

（3）主播要满足用户的需求，根据用户请求展示产品。

例如，淘宝有一家销售鞋子的店铺，在直播中为了让用户看得更加清楚，该店的主播还将鞋子放在镜头前给粉丝看细节，以便用户买得放心，如图 6-11 所示。

这个主播就做到了展示产品的 3 个要求，因此得到了很多用户的信任和喜爱，从而也使得流量得到了高效变现。

图6-11　展现细节的直播案例

6.3.2　一心一意，专注产品

　　一场直播只做一个种类的产品，这听起来会不利于产品的促销，但实际上为了让用户更加关注你的产品，专注于一种类型的产品才是最可靠的，如图6-12所示。而且这种方法对于那些没有丰富直播经验的主播来说更实用。

图6-12　专注一个产品类型的直播案例

因为直播与学习一样，不能囫囵吞枣，一口吃成个胖子。一般来说，一场直播专注于一种产品，成功的概率会更大。如图 6-13 所示，为今日头条平台上专注于汽车产品的直播内容，主播在讲解时基本上只针对某个车型进行详细介绍。

图 6-13　专注于汽车产品的直播内容示例

当然，在打造专属产品时，主播应该尤其注意两个要点，即：提前规划出爆款产品；借助事件或者热点推广产品。

6.3.3　福利吸睛，引导用户

想让用户在观看直播时快速下单，运用送福利的方式能起到很好的效果。因为这很好地抓住了用户偏好优惠福利的心理，从而能够很好地"诱导"用户购买产品。

在直播中，主播以"福利"为主题，使出浑身解数进行促销。首先是全面为用户介绍产品的优势，其次是在背景墙上表明"清仓、秒杀"等关键字眼，引起用户的注意，如图 6-14 所示。

最后是直接在直播中送秒杀福袋的福利，通过这些努力，观看直播的用户越来越多，流量也不断地转化为销量。

当然，给用户送福利的方法除了能在清仓的时候使用，在新品上架的时候同样也很适用。如图 6-15 所示，为裙子新品上架的直播示例。而且这种送福利的方式能更大程度地调动用户购物的积极性，上新时的优惠谁会舍得错过呢？

一般的企业、商家在上新时都会大力宣传产品，同时用户往往也会对新品充满无限期待，但由于价格高昂，让很多用户都望而却步。所以，如果在新品上架时给用户送福利，更能吸引用户毫不犹豫地下单。

图6-14　直播间的背景墙上表明"清仓、秒杀"等关键词

 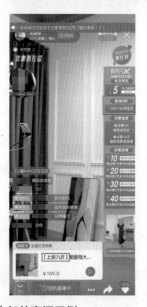

图6-15　裙子新品上架的直播示例

　　这样一个新款秒杀直播在很短的时间内就能吸引大量的用户观看，获得了大量的流量，产品销量也不断上升，可见效果之惊人。

　　此外，在直播中主播给用户发送优惠券也会吸引更多用户购买。人们往往会对优惠的东西丧失抵抗力，像平时人们总愿意在超市打折、促销的时候购物一样，用户在网上购物也想获得一些优惠。

在直播中送优惠券的方式分两种，具体介绍如下。

（1）在直播链接中发放优惠券，如图 6-16 所示。

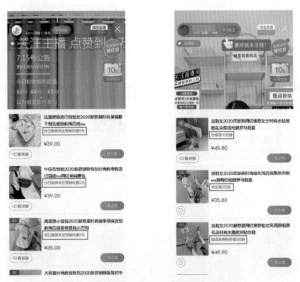

图 6-16　在直播链接中发放优惠券

（2）在直播中发送优惠券，如图 6-17 所示。

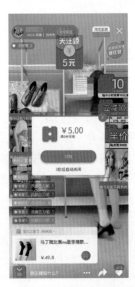

图 6-17　在直播中发送优惠券

例如，一些淘宝店铺为了推销自己的产品，他们会安排一些直播福利，比如给用户发送优惠券，以此来吸引更多用户观看直播以及购买产品，如图 6-18 所示。直播福利包括关注主播可以领取 5 元无门槛红包，观看 10 分钟直播可以领取 120 元减 10 元优惠券，个人点赞 200 可以领取 200 元减 15 元优惠券，点赞 10 万抽免单等福利，所有产品只有在直播的时候享受折扣，这种在直播中放入优惠券的方法很容易就能让围观的用户心动，从而购买产品。

图 6-18　安排直播福利的案例

还有一些主播会开展一些活动突出优惠，吸引用户。例如，抖音主播"七哥小摊"在直播间发起"新来的一元包邮"活动，只需要在评论下方打出"新来的"这 3 个字，用户就有机会中奖。只花一元钱，产品就会送到家，活动一开始就有很多用户观看。

主播还可以通过赠送产品的方式体现产品的物美价廉。例如，某款面膜 99 元 3 盒，薇娅是这样表达的："今天晚上面膜一盒 69 元，第二盒 30 元，第三盒不要钱。"这样的表达方式会使用户觉得产品特别优惠，不仅打消了用户对产品降价进而产生对质量的不信任感，还能够让用户买得开心、用得放心。

6.3.4　物美价廉，口碑建立

用户经常会被一些特价的活动吸引，从而点开直播页面。在直播中体现物美价廉是吸引用户关注并下单的又一个技巧。比如，主播在直播时反复说"性价比高，包您满意"等语句。

有很多人觉得这样吆喝太直接，但用户其实需要主播向他们传达这样的信息，因为大部分消费者都持有物美价廉的消费观念。

如何使用户感觉产品特别实惠呢？相信大部分读者都对"饥饿营销"这个词有所耳闻。比如各种限量发售的名牌球鞋、限定大牌口红，一经发售往往会出现"秒空"的盛况，这是一种适用于品牌销售上的营销方式。

主播要制造稀缺感，当主播说"秒空""卖得很快""超级实惠"的时候，用户觉得自己需马上去抢优惠，不然就没有了。饥饿营销的第一步就是利用人的稀缺心理制造稀缺感。往往机会越难得、价值越高的产品，吸引力就更大。

举例来讲，当一件商品的库存为 500 件，观看直播的人数为 1000 人时，A 主播宣布秒杀时间为 10 分钟，并告诉粉丝库存为 500 件；B 主播同样给粉丝 10 分钟时间进行秒杀，但告诉粉丝只有 100 件库存。在相同的时间里，试问哪位主播的营销效果会更好呢？肯定是 B 主播，让用户觉得产品不多，当抢到产品以后，用户就会有一种自豪感，感觉买到就是赚到。同时，主播还可以营造一种"这个价格来之不易，过了这个村就没这个店"的感觉，使粉丝在争夺中抢到商品。

如果在一场营销中，只有限量，却没有设计出粉丝互相争抢的氛围，其营销效果往往不会太好。饥饿营销这种方式往往会受到消费者的追捧，利用稀有内容还可以提升直播间的人气，无论是对主播还是对企业来说，都能增加曝光率。

例如，淘宝主播"烈儿宝贝"在直播带货的时候，经常告诉用户销量。她通过语言向用户表示产品，"卖出了一千五百件现货一分钟售完""没有了吗？两千个没有了吗？"让用户感觉此产品特别抢手，从而想要马上下单。

主播也可以从产品和价格两个方面入手，介绍产品优势的同时，介绍产品的优惠活动，降低产品的价格。

例如，有一位试图推销 VR 眼镜的淘宝店主在斗鱼直播进行直播时，就利用几个技巧吸引了上万名用户的关注，一时间这家店铺的热度嗖嗖地上升，产品也由此得以大卖。那么，这位淘宝店主究竟是怎么做的呢？笔者将其营销流程总结为 3 个步骤，如图 6-19 所示。

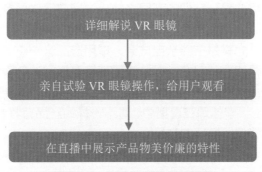

图 6-19　VR 眼镜的直播流程

同时，在直播中，主播还给用户送上了特别优惠，给"物美价廉"又增添了几分魅力，不断地吸引用户前去淘宝下单，这款产品也成为该主播的最热爆款。

6.3.5 设置悬念，吸引人气

制造悬念吸引人气是很多营销商一直都在使用的一种方法，而这对直播变现也同样适用。比如在直播中与用户互动挑战，激发用户的参与热情，同时也使得用户对挑战充满期待和好奇。此外，通过设置直播标题和内容的双料悬念也是网罗人气的一大绝佳方法。有些直播标题虽然充满悬念，但直播内容却索然无味，这就是人们常说的"标题党"。

那么，要如何设置直播标题制造悬念呢？笔者将其总结为 3 种方法，即解密式、日常悬念、事件性悬念。

例如，某主播的标题为"独家神仙穿搭大公开"，该标题让用户好奇是什么样子的神仙穿搭，这种解密式的悬念非常容易吸引用户点击。至于制造直播内容悬念方面，就要根据自己的实际情况进行直播，一定要考虑到产品的特色以及主播的实力等因素，不能夸大其词。

6.3.6 多种对比，优劣立显

"没有对比就没有伤害"，买家在选择购买商品时通常喜欢"货比三家"，最后选择性价比更高的商品。但是很多时候，消费者会因为不够专业而无法辨认产品的优劣或无法选择适合自己的产品。这时候主播在直播中则需要通过与竞品进行对比，从专业的角度，向买家展示差异化，以增强产品的说服力以及优势。

例如，淘宝店铺中有一个专门卖包包的店家，在直播时，他不断地展示包包的材质、特点、款式，与仿制品相对比。不仅如此，就连包包里面的小口袋也都一一为用户呈现，如图 6-20 所示。

又如，某淘宝店铺是专门卖首饰的，店家在直播时不断地向用户展示两条不同颜色的手链，让用户看到它们的不同之处，为用户提供更多选择的机会，如图 6-21 所示。

在这些诀窍中，尤其是主播亲自试穿、试用产品这一点能引起用户的共鸣，获得用户的信赖。再如，"口红一哥"李佳琦在直播间试色爱马仕口红时，由于其色号不适合亚洲人的肤色，李佳琦在直播间的表情也"逐渐凝固"。正是因为有对比才有优劣之分，李佳琦在直播中，对不一样的产品有着专业的比较和评价，才会让粉丝更加信赖他所推荐的产品。

由此可以看出，在直播中加入对比的方法确实能吸引用户的关注，而且还能为直播增加一些乐趣。

图 6-20　淘宝店家展示包包的材质、内部小口袋

图 6-21　淘宝店家对比两种颜色的手链

　　当然，主播在将自家产品与其他产品进行对比时，也要注意文明使用语言词汇，不能以恶劣、粗俗不堪的语言过度贬低、诋毁其他产品。只有这样，用户才会真正喜欢你的直播、信赖你的产品。

笔者经过以上例子将在直播中进行产品对比的小诀窍总结为 4 点，即：在直播中立体展示产品对比；亲自做实验对比；自家产品与仿制产品对比；主播亲自试穿、试用产品。

专家提醒

明星的一举一动都会受到大众的关注，并且明星粉丝的数量非常多，忠诚度也相对更高。由于其影响力比普通主播更大，因此，当明星出现在直播中与粉丝互动时，场面会更加火爆，对企业营销的效果也会更好。

企业在选择这一方式进行直播营销时，应提前做好预算，并选择与企业产品贴合度最高的明星进行合作。

第 7 章
私域流量：轻松打造独有的私域流量池

学前提示

对于短视频运营者来说，用户是最重要的因素，如果你拥有成千上万的专属用户，那么，变现的能力也会大大提升。

因此，短视频运营者需要打造自己的专属私域流量池，挖掘粉丝的价值，提高变现的能力。

要点展示

- 了解私域流量，做好运营准备
- 从视频号引流，到专属流量池
- 深度沉淀流量，维护账号粉丝
- 变现产品特点，适合私域流量
- 私域电商变现，轻松实现盈利

7.1　了解私域流量，做好运营准备

不管要做什么事情，我们首先需要了解分析它，做好准备，才好进行下一步的工作。所以，笔者先为大家介绍私域流量，在了解了私域流量的相关知识之后，我们才能更好地将其与短视频联系起来。

7.1.1　解读私域流量，熟悉它的特点

私域流量是相对于公域流量的一种说法，其中"私"指的是个人的、私人的、自己的意思，与公域流量的公开相反；"域"是指范围，这个区域到底有多大；"流量"则是指具体的数量，如人流数、车流数或者用户访问量等，后面这两点私域流量和公域流量都是相同的。接下来笔者具体解读公域流量和私域流量。

1. 什么是公域流量

公域流量的渠道非常多，包括各种门户网站、超级 App 和新媒体平台。如图 7-1 所示，列举了一些公域流量的具体代表平台。

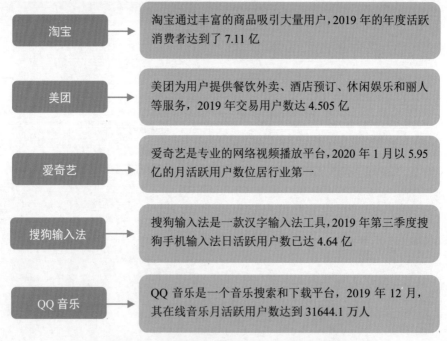

图 7-1　公域流量的具体代表平台和流量规模

从上面这些平台的数据可以看到，这些平台都拥有亿级流量，并且通过流量来进行产品的销售。

　　他们的流量有一个共同特点，那就是流量都是属于平台的，都是公域流量。商家或者个人在入驻平台后，可以通过各种免费或者付费方式来提升自己的账号排名、推广自己的产品，从而在平台上获得用户和成交。

　　例如，歌手可以在 QQ 音乐 App 上入驻"Q 音音乐人"或者注册成为"电台主播"，然后发布自己的歌曲或者有声节目，吸引用户收听，用户需要通过付费充值会员来下载歌曲，歌手则可以获得盈利，如图 7-2 所示。

图 7-2　QQ 音乐 App

　　想要在公域流量平台上获得流量，我们必须熟悉这些平台的运营规则和具体特点，如图 7-3 所示。

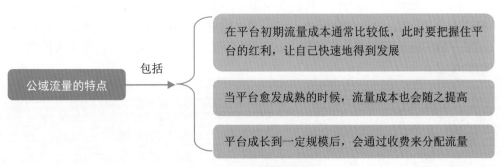

图 7-3　公域流量的特点

因此，不管你是做什么生意，都需要多关注这些公域流量平台的动态，对于那些有潜力的新平台，一定要及时入驻，并采取合适的运营方法来收获平台红利。你如果在平台的成熟期进入，那么你就要比别人付出更多努力和更高的流量成本。

对于企业来说，这些公域流量平台最终都是需要付费的，你赚到的所有的钱也都需要给他们分一笔。而对于那些有过成交记录的老客户来说，这笔费用就显得非常不值。当然，平台对于用户数据保护得非常好，因为这是他们的核心资产，企业想要直接获得流量资源非常难。这也是大家都在积极将公域流量转化为私域流量的原因。

2. 什么是私域流量

对于私域流量，目前还没有统一的具体定义，但是私域流量的确有一些共同的特点，如图 7-4 所示。

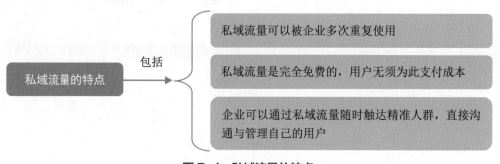

图 7-4　私域流量的特点

例如，对于微博来说，上到热门头条后被所有的微博用户看到，这就是公域流量；而通过自己的动态页面，让自己的粉丝看到微博内容，这就是私域流量，如图 7-5 所示。

据悉，微博 2019 年 12 月的月活跃用户数达到 5.16 亿，平均日活跃用户数达到 2.22 亿。企业和自媒体人可以通过微博来积累和经营自己的粉丝流量，摆脱平台的推荐和流量分配机制，从而更好地经营自己的资产，实现个人价值和商业价值。

专家提醒

对于公域流量来说，私域流量是一种弥补其缺陷的重要方式，而且很多平台还处于红利期，可以帮助企业和自媒体人补足短板。

图 7-5　微博的个人粉丝属于自己的私域流量

7.1.2　遭遇流量瓶颈，需要私域流量

如今，不管是做淘宝电商，还是自媒体"网红"，更不用说是大量的传统企业了，随着时间的推移，他们会越来越感觉到流量红利殆尽，面对着用户增长疲软的困境，大部分人都面临流量瓶颈下的难题，如图 7-6 所示。

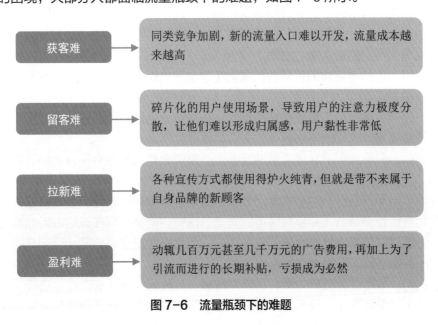

获客难	同类竞争加剧，新的流量入口难以开发，流量成本越来越高
留客难	碎片化的用户使用场景，导致用户的注意力极度分散，让他们难以形成归属感，用户黏性非常低
拉新难	各种宣传方式都使用得炉火纯青，但就是带不来属于自身品牌的新顾客
盈利难	动辄几百万元甚至几千万元的广告费用，再加上为了引流而进行的长期补贴，亏损成为必然

图 7-6　流量瓶颈下的难题

很多用户对于各种营销套路已经产生了"免疫力"，甚至对于这些营销行为觉得厌恶，而直接屏蔽你。在这种情况下，我们的流量成本可想而知是相当高的，因此，很多自媒体创业者和企业都遭遇了流量瓶颈。

那么，我们该如何突破这些流量瓶颈带来的难题呢？答案就是做私域流量，所以，我们可以打造自己的专属私域流量池，把自己的核心用户圈起来，让彼此的关系更加持久。

7.1.3　介绍商业价值，提供更多变现

打造私域流量池就等于你有了自己的"个人财产"，这样你的流量会具有更强的转化优势，同时也有更多的变现可能。下面介绍私域流量模式的商业价值，探讨这种流量模式对于大家究竟有哪些好处。

1. 让营销成本直线降低

以往各个商家在公域流量平台上做了很多付费推广，但是却没有与这些用户产生实际关系。例如，拼多多商家想要参与各种营销活动来获取流量就需要交纳各种保证金。

但是，即使商家通过付费推广获得流量，也不能直接和用户形成关系，用户在各种平台推广场景下购买完商家的产品后，会再次回归平台，所以这些流量始终还是被平台掌握在手中。

其实，这些付费推广获得的用户都是非常精准的流量。商家可以通过用户购买后留下的个人信息，如地址和电话号码等，再次与用户接触，甚至可以通过微信主动添加他们，或者将他们引导到自己的社群中，然后再通过一些老客户维护活动来增加他们的复购率，如图 7-7 所示。

同时，这些老客户的社群也就成为商家自己的私域流量池，而且商家可以通过朋友圈的渠道来增加彼此的信任感，有了信任就会有更多的成交，如图 7-8 所示。这样，你以后不管是推广新品，还是做清仓活动，这些社群就成为一个免费的流量渠道，这样就不必再花钱去做付费推广了。

因此，只要我们的私域流量池足够大，是完全可以摆脱对平台公域流量的依赖的，这就让我们的营销推广成本大幅度降低。

除了电商行业外，对于实体店来说，道理也是相同的，商家也可以通过微信扫码领取优惠券等方式来添加顾客的微信。这样，商家可以在以后做活动或者上新时，通过微信或者社群来主动联系顾客，或者发朋友圈来被动地展示产品，增加产品的曝光量，获得更多的免费流量。

例如，海尔作为传统企业，在交互性强、互联网大爆炸的时代，进行了一次史无前例的组织变革，目标是将僵硬化的组织转为社交性强的网络化。海尔在组

织进行网络化的同时，建立起了一个社群型组织。

图 7-7　通过社群运营私域流量

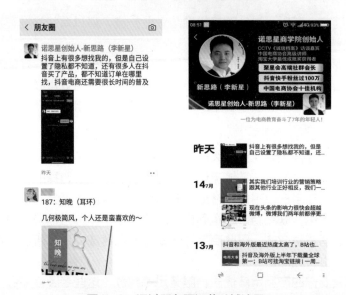

图 7-8　通过朋友圈运营私域流量

　　海尔的社群运营核心是"情感"，但是对于企业来说，"情感"是一个与用户进行价值对接的界面，并不能与社群用户产生非常高黏度的衔接，毕竟"情感"往往是脆弱的，容易被击破。

　　然而，海尔正是看清了这一点，所以他们开始与粉丝互动起来，让粉丝不再只是粉丝，而是参与者、生产者，让粉丝真正与品牌有连接，与品牌融合在一起，成为其中的一部分。其中，"柚萌"就是由海尔 U+ 发起，以实现更美好的智慧家居生活体验为宗旨的社群。如图 7-9 所示，为"柚萌"的页面截图。

图 7-9　海尔 U+"柚萌"社群

对个人而言，可以通过社群轻松地与企业交流，通过有效的推荐机制，能迅速找到好的产品及众多实用资讯。

对企业而言，私域流量下的社群可以节省大量的推广费用，好的产品会引发社群用户的自发分享行为，形成裂变传播效应。同时，企业可以通过运营私域流量，与用户深入接触，更加了解用户的需求，打造更懂用户的产品。

2. 让投资回报率大幅提升

公域流量有点像大海捞针，大部分流量其实是非常不精准的，因此整体的转化率非常低。而这种情况在私域流量平台是可以很好地规避掉的，私域流量通常都是关注你的潜在用户，不仅获客成本非常低，而且这些平台的转化率也极高。

结果显而易见，既然用户都走到自己的店铺中了，那么他必然也是比大街上的人有更高的消费意愿的，因此商家更容易与他们达成交易，所以私域流量的投资回报率自然也会更高。

同时，只要你的产品足够优质，服务足够到位，这些老顾客还会无偿成为你的推销员，他们也会乐于去分享好的东西，以证明自己独到的眼光。这样，商家就可以通过私域流量来扩大用户规模，提升价值空间。

3. 避免已有的老客户流失

除了拉新外，私域流量还能够有效地避免已有的老客户流失，让老客户的黏性翻倍，快速提升老顾客的复购率。在私域流量时代，我们不能仅仅依靠产品买卖来与用户产生交集，如果你只做到了这一步，那用户一旦发现品质更好、价格更低的产品，他就会毫不留情地抛弃你的产品。

因此，在产品之外，我们要与用户产生感情的羁绊，打造出强信任关系。要知道人都是感性的，光有硬件的支持是难以打动用户的，再者，用户更多注重的是精神层面的体验。

因此，我们要想打响自身品牌，推销产品，就应该在运营私域流量时融入真情实感，用情感来感化用户，重视情感因素在营销中的地位。最重要的是，了解用户的情感需求，引起其共鸣，并使得用户不断地加深对企业或产品的喜爱之情。

在体验中融入真实情感是企业打造完美的消费体验的不二之选，无论是从消费者的角度还是从企业的角度来看，都应该认识到情感对产品的重要性。为了树立产品口碑，向更多老顾客推销新产品，用情感打动人心虽然不易，但只要用心去经营，得到的效果是深远而持久的。

也就是说，私域流量绝不是一次性的成交行为，用户在买完产品后，还会给我们的产品点赞，也可以参加一些后期的活动，来加深彼此的关系。

在这种情况下，即使你的对手有更好的价格，用户也不会轻易抛弃你，因为你和他之间是有感情关系的。甚至用户还会主动给你提一些能够帮助你击败竞争对手的有用建议。

4. 对塑造品牌价值有帮助

塑造品牌是指企业通过向用户传递品牌价值来得到用户的认可和肯定，以达到维持稳定销量、获得良好口碑的目的。

通常来说，塑造品牌价值需要企业倾注很多的心血，因为打响品牌不是一件容易的事情，市场上生产产品的企业和商家千千万万，能被用户记住和青睐的却只有那么几家。

品牌具有忠诚度的属性，可以让用户产生更多信任感。品牌通过打造私域流量池，可以让品牌与用户获得更多接触和交流的机会，同时为品牌旗下的各种产品打造一个深入人心的形象，然后让用户为这些产品趋之若鹜，成功打造爆品。

以丹麦的服装品牌ONLY为例，其品牌精神为前卫、个性十足、真实、自信等，很好地诠释了它产品的风格所在。同时，ONLY利用自身的品牌优势在全球开设了很多家店铺，获得了丰厚的利润，赢得了众多消费者的喜爱。

5. 激励客户重复购买

私域流量是属于我们个人的，和平台的关系不大。这就是为什么很多直播平台要去花大价钱来签"网红"主播，因为这些"网红"主播自带流量，直播平台可以通过与他们签约来吸收他们自身的私域流量。

例如，知名电竞选手、前 WE 队长"Misaya 若风"，被称为"中路杀神"，微博粉丝突破千万，在微博上的互动率非常惊人。同时，"Misaya 若风"还是企鹅电竞直播的签约主播，在该平台上的订阅用户数也接近 100 万，这其中的流量具有高度的重叠性。

对于这些"网红"来说，私域流量是可以跨平台和不断重复利用的，这个好处自然也会延伸到其他领域，这些粉丝的忠诚度非常高，可以形成顾客终身价值。

7.2　从视频号引流，到专属流量池

前一节笔者介绍了私域流量的相关知识点，并没有将短视频与私域流量单独联系起来，所以从这一节开始，笔者会将私域流量与短视频联系起来讲解。

首先，这一节笔者将以微信视频号为例，从引流至公众号、利用微信名称、内容吸引用户 3 个方面进行解读，向大家介绍如何将短视频用户引流到自己的专属私域流量池，即引流到微信。

7.2.1　引流至公众号，添加微信账号

微信的未来发展将基于"链接"主题，在现有链接的基础之上，去补充链接手段。目前，在微信视频号中能添加的链接只有公众号文章链接，所以短视频运营者可以很好地利用公众号，将用户转化为私域流量。

7.2.2　利用微信名称，评论区留联系

微信视频号的评论区也可以好好地利用起来。视频号用户在对自己感兴趣的内容进行评论时，显示的是自己的微信号而不是视频号，而且视频号运营者在回复评论时显示的也是微信号。

所以，视频号运营者可以将自己的联系方式写在微信名中，然后在回复评论的时候加以引导，这样看过内容之后，有想法的用户自然就会留下你的联系方式，或者添加好友。

7.2.3　内容吸引用户，转化成为好友

视频号运营者如果想要通过所发布的视频号内容吸引用户，从而转化为私域流量，可以在视频号的标题、文案、视频内容处展示微信号。笔者接下来就从这 3 个方面一一为大家介绍。

1. 标题

视频号运营者可以将自己的微信号添加在视频号内容的标题处，用户在看完视频之后，觉得视频号有意思，传达了有价值或者对他有用的信息，那么他就有可能会添加微信，如图 7-10 所示。

2. 文案

有一部分视频号运营者会选择将自己的微信号或者其他的联系方式，以文案的形式添加到视频中，这种也可以将流量转化为私域流量。

图 7-10　在视频号内容的标题处添加微信号

笔者建议，短视频运营者如果要用这种方法将公域流量转化为私域流量，最好是将微信号添加在视频末尾，虽然这样会减少一部分流量，但是不会因为影响内容的观感而导致用户反感。

3. 视频内容

这种方法比较合适真人出境的短视频，可以通过视频主角的口述，来介绍微信号，从而吸引用户加好友。这种方法的信任度比较高，说服力比较强，转化效果也会比较好。

7.2.4　设置账号信息，留下联络方式

目前来说，在视频号的账号主页的信息设置中添加微信号是比较危险的，可

能会有违规的风险。但是笔者也注意到有很多短视频运营者在信息设置中加了自己的微信号或者联系方式。

所以，笔者这里还是介绍一下，但是暂时并不建议大家这样做，至于以后视频号平台的规定会不会改，也要看未来的发展情况。

1）视频号昵称

视频号运营者在给视频号起名字的时候，可以将自己的微信号添加在后面，如图 7-11 所示。这样其他的用户在刷到你的视频号时就能立刻知道你的联系方式，如果你发布的内容符合他的兴趣或者对他有益，那他自然会加你好友。

图 7-11　视频号名称处添加联系方式

2）简介

一般来说，运营者会在简介中对自己以及所运营的视频号进行简单的介绍。那么运营者填写信息的时候可以在简介中写入微信号或其他联系方式，然后吸引用户添加好友，如图 7-12 所示。

图 7-12　在视频号简介处添加联系方式

另外，运营者还可以在视频号封面的图片中加入自己的联系方式，这种方法需要先准备好已经添加联系方式的图片，也就是先将自己的联系方式P到图片中，然后更换封面。

7.3　深度沉淀流量，维护账号粉丝

微信不仅能够帮助"视频号"引流增粉，还可以帮助运营者更好地维护短视频平台的粉丝，通过对粉丝进行管理维护，可以提高粉丝黏性、实现裂变以及引导转化，让流量持续变现。这一节笔者将以视频号为例，从开发营销功能、改变营销方法、打造账号矩阵3个方面介绍维护粉丝的方法。

7.3.1　开发营销功能，提高粉丝积极性

视频号运营者可以在微信中开发一些营销功能，如签到、抽奖、学习或者在线小游戏等，来提高粉丝参与的积极性。视频号运营者也可以在一些特殊的节假日期间，在微信上开发一些微信吸粉的H5活动，这样可以提升粉丝的活跃度以及快速吸引新的粉丝进入私域流量池，增加自身的流量。

在制作微信吸粉H5活动时，"强制关注＋抽奖"这两个功能经常会组合使用，同时运营者可以把H5活动二维码插入到微信文章中，或者将活动链接放入"原文链接"、公众号菜单以及设置关注回复等，让用户关注后就能马上参与活动。

例如，"北京大妈有话说"微信公众号在纪念成立两周年期间，开展了一系列公众号周年庆活动，不但给老粉丝带来了很多福利，也借此吸引了大量新粉丝。如图7-13所示，为"北京大妈有话说"微信公众号的H5活动页面。

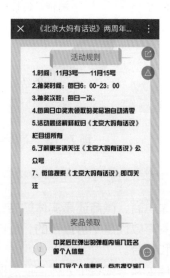

图7-13　H5活动页面

该 H5 采用了长页面的排版方式，第一页就是九宫格的抽奖活动页面，下面则是相应的抽奖规则和领取方式，规则清晰易懂，操作简单明了。同时，用户在参与抽奖活动时，需要留下自己的联系方式，以便实现兑奖操作。

"北京大妈有话说"使用了关注后抽奖的活动方式，用户只有关注公众号成为粉丝后，才能参与该活动，在保障原有粉丝福利的同时，吸引了大量的新粉丝。该活动的相关数据，如图 7-14 所示。

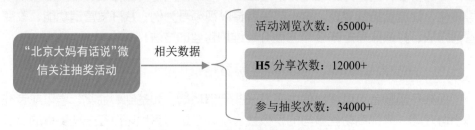

图 7-14　H5 抽奖活动的相关数据

同时，当制作好关注抽奖 H5 活动后，还需要使用一定的运营技巧才能让粉丝数实现有效增长，笔者总结了以下几点运营技巧，如图 7-15 所示。

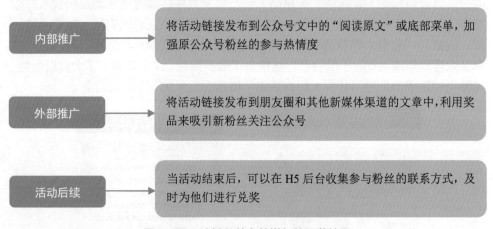

图 7-15　让粉丝数有效增长的运营技巧

7.3.2　改变营销方法，提高粉丝黏性

不管是电商、微商还是实体门店，都将微信和朋友圈作为自己的主要营销平台，可见其有效性是不容置疑的，所以微信视频号的运营者完全可以借鉴这些有效的方法和平台。

在微信公众号或者个人微信朋友圈中发送营销内容，培养粉丝的忠诚度，激发他们的消费欲望，同时还可以通过一对一的微信私聊解决粉丝们的问题，提高粉丝们的黏性。

在运营粉丝的过程中，微信内容的安排在平台建立之初就应该有一个大致的定位，并基于其短视频内容定位进行微信内容的安排，也就是需要运营者做好微信平台的内容规划，这是保证粉丝运营顺利进行下去的有效方法。

例如，微信公众号"手机摄影构图大全"就对微信平台的内容进行了前期规划，并在功能介绍中进行了清楚呈现，发送的图文内容始终围绕这一定位来进行的，如图 7-16 所示。

图 7-16　微信平台的整体内容规划

所以，视频号运营者可以借鉴这一方法，给账号做好定位，并且发布其垂直领域的内容，这样引流到私域流量池的粉丝更精准，更有利于你管理和维护粉丝，同时也更有利于后续变现。

7.3.3　打造账号矩阵，管理维护粉丝

大部分视频号的运营者都会同时运营多个微信号来打造账号矩阵，但随着粉丝数量的不断增加，管理这些微信号和粉丝就成为一个很大的难题，此时视频号运营者可以利用其他一些工具来帮忙。

例如，聚客通是一个社交用户管理平台，可以帮助用户盘活微信粉丝，引爆单品，快速提升 DSR（Detailed seller ratings）动态评分，具有多元化的裂变和拉新玩法，助力运营者实现精细化的粉丝管理。聚客通可以帮助视频号运营者

基于社交平台，以智能化的方式获得以及维护新老客户，让粉丝运营效果事半功倍。

7.4 变现产品特点，适合私域流量

私域流量要想实现变现，最终还是需要产品进行承接，因此这种流量模式非常适合品牌商家。如在线课程、食品水果、日用百货、数码家电、母婴玩具、服装鞋包、餐饮外卖、生活服务以及文化旅游等，这些行业都比较适合私域流量模式。那么，适合做私域流量模式的产品或服务有哪些具体的特点呢？本节笔者将从 4 个方面为大家介绍变现产品的特点。

7.4.1 复购多的产品，留住长期客户

前面介绍过，私域流量有一个显著特点，那就是"一次获取，反复利用"。因此，商家可以选择一些复购次数多的产品，吸引用户长期购买，提升老客户黏性，具体的产品类型如图 7-17 所示。

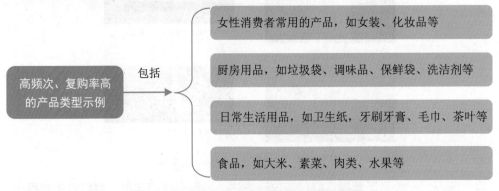

图 7-17　高频次、复购率高的产品类型示例

在私域流量模式下，商家的大部分利润都来自老客户，所以商家要不断地提升产品竞争力、品牌竞争力、服务竞争力和营销竞争力，促进客户的二次购买，实现长期合作。要做到这一点，关键就在于货源的选择，运营者必须记住一句话，那就是"产品的选择远远大于盲目的努力"，因此要尽可能选择一些能够让粉丝产生依赖的货源。

7.4.2 知识付费产品，收获高知名度

知识付费产品，其实质在于通过售卖相关的知识产品或知识服务，来让知识产生商业价值，变成"真金白银"。在互联网时代，我们可以非常方便地将自己

掌握的知识转化为图文、音频、视频等产品或服务形式，通过互联网来传播并售卖给受众，从而实现盈利。

随着移动互联网和移动支付技术的发展，知识变现这种商业模式也变得越来越普及，从而帮助知识生产者获得不错的收益和知名度。随着人们消费水平的提高，其消费观念和消费方式产生了质的改变，尤其是随着各种新媒体渠道的出现和自媒体领域的兴起，让人们产生了新的阅读习惯和消费习惯，并逐渐养成了付费阅读的良好习惯。

在私域流量浪潮下，很多有影响力的"大V"也通过公众号和社群等渠道，售卖自己的知识付费产品，快速实现变现，从粉丝身上获取收入。对于运营者来说，无论是企业，还是个人，都应该建立粉丝对你个人或者品牌的信任和认可。建立自己的私域流量池之后，加强与粉丝的互动，提高粉丝的忠诚度。

7.4.3　有话题的产品，引起热烈反响

如果一个产品登上了头条，那么它的火热程度自然就不言而喻了。为了吸引众多的用户流量引爆产品，制造话题占据头条倒不失为一个绝佳的方法。因此，有话题的产品非常适合做私域流量。

话题感的产品本身就具备强大的社交属性，极容易在你的社群中引发强烈反响。大型的线下品牌企业可以提炼品牌特色，找到用户的"兴趣点"，然后发布相关的话题，这样可以吸引大量感兴趣的用户参与，同时让线下店铺得到大量曝光，而且精准流量带来的高转化也会为企业带来高收益。

7.4.4　线下引流产品，实现流量转化

线下实体店可以推出一款不以盈利为目的的引流产品，先把用户吸引过来，然后短视频中的商家可以添加他们的微信来实现流量转化，或者引导他们消费其他产品，直接盈利。例如，在很多餐厅门口的海报上，经常可以看到有一款特价菜，就是采用这种推广方式。

7.5　私域电商变现，轻松实现盈利

在传统微商时代，转化率基本维持在 5% ～ 10% 之间，也就是说，100 万的曝光量最少也能达到 5 万的转化率。对于短视频这样庞大数量的流量风口，吸引力当然比微商更强。

当你手中拥有了优质的短视频，通过短视频吸引了大量的私域流量，你该如何进行变现和盈利呢？有哪些方式是可以借鉴和使用的呢？本节将以抖音平台为例，展示 5 种短视频变现秘诀，帮助大家通过短视频轻松盈利。

7.5.1 自营电商变现，开通抖音小店

电商与短视频的结合有利于吸引庞大的流量，一方面短视频适合碎片化的信息接收方式，另一方面短视频展示商品更加直观有动感，更有说服力。如果短视频的内容能够与商品很好地融合，无论是商品的卖家，还是自媒体人，都能获得较多的人气和支持。

抖音不仅拥有淘宝加快内容电商，而且还上线抖音小店，帮助运营者打造自己的卖货平台。而自从抖音打通淘宝开始，眼尖的运营者已迅速占领了这片沃地，收割第一批流量红利了。

要开通抖音小店，首先需要开通抖音购物车和商品橱窗功能，并且需要持续发布优质原创视频，同时解锁视频电商、直播电商等功能，才能去申请，满足条件的抖音号会收到系统的邀请信息。

抖音小店对接的是今日头条的放心购商城，用户可以从抖音设置中的"电商工具箱"页面选择"开通抖音小店"选项，如图 7-18 所示。

进入"开通小店流程"界面，在此可以查看抖音小店的简介、入驻流程、入驻准备和常见问题，如图 7-19 所示。

图 7-18　选择"开通抖音小店"选项

图 7-19　"开通小店流程"界面

商家入驻抖音小店的基本流程，如图 7-20 所示。目前抖音小店入驻仅支持个人入驻模式，用户需要根据自己的实际情况填写相关身份信息，然后设置选择主营类目、店铺名称、店铺 Logo、上传营业执照等店铺信息，最后等待系统审

核即可。入驻审核通过后，即可开通抖音小店，其店铺商品详情页面如图 7-21 所示。

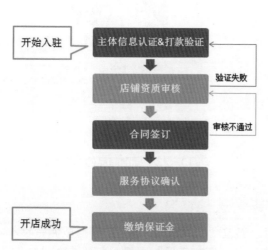

图 7-20　抖音小店入驻流程

图 7-21　抖音小店商品详情页面

抖音小店是抖音针对短视频达人内容变现推出的一个内部电商功能，通过抖音小店就无须再跳转到外链去完成购买，直接在抖音内部即可实现电商闭环，让运营者们更快变现，同时也为用户带来更好的消费体验。

7.5.2　第三方电商变现，上线商品橱窗

抖音正在逐步完善电商功能，对于"抖商"来说是好事，意味着我们能够更好地通过抖音卖货来变现。抖音开通商品橱窗功能，由原来 1000 粉丝的门槛，降低到 0 粉丝门槛，只要发表 10 个视频，外加实名认证，就可以开通。

运营者可以在"商品橱窗管理"界面中添加商品，直接进行商品销售，如图 7-22 所示。商品橱窗除了会显示在信息流中，同时还会出现在个人主页中，方便用户查看该账号发布的所有商品。如图 7-23 所示，为橱窗商品的详情页面。

在淘宝和抖音合作后，很多百万粉丝级别的抖音号都成了名副其实的"带货王"，捧红了不少产品，而且抖音的评论区也有很多"种草"的评语，让抖音成为"种草神器"。自带优质私域流量池、红人聚集地及商家自我驱动等动力，都在不断地推动着抖音走向"网红"电商这条路。

图 7-22　商品橱窗管理

图 7-23　橱窗商品的详情页面

7.5.3　精选联盟变现，推广佣金收益

如果运营者不想自己开店，也可以通过帮助商家推广商品，来赚取佣金收入，这种模式与淘宝客类似。运营者可以进入"添加商品"界面，在精选联盟中选择与自己短视频类型定位一致的商品进行推广，如图 7-24 所示。点击"加橱窗"按钮，根据提示开通添加精选商品功能，加盟为"联盟达人"，如图 7-25 所示。

图 7-24　"添加商品"界面

图 7-25　加盟"联盟达人"的方法

运营者在拍摄视频后，进入"发布"界面，点击"添加商品"按钮，如图 7-26 所示。进入"添加商品"界面，可以在顶部的文本框中粘贴淘口令或者商品链接，即可添加推广商品。当观众看到视频并购买商品后，运营者即可获得佣金收入，可以进入"我的收入"界面查看收入情况，如图 7-27 所示。

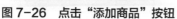

图 7-26　点击"添加商品"按钮

图 7-27　"我的收入"界面

7.5.4　信息流广告变现，入驻星图平台

抖音推出的"星图平台"和微博的"微任务"在模式上非常相似，对于广告主和抖音达人之间的广告对接有很好的促进作用，进一步收紧内容营销的变现入口。

"星图平台"的主要意义如下。

（1）打造更多变现机会。"星图平台"通过高效对接品牌和头部达人 / MCN 机构，让达人们在施展才华的同时还能拿到不菲的酬劳。

（2）控制商业广告入口。"星图平台"能够有效地杜绝达人和 MCN 机构私自接广告的行为，让抖音获得更多的广告分成收入。

"星图平台"的合作形式包括开屏广告、原生信息流广告、单页信息流广告、智能技术定制广告以及挑战赛广告等。简单地说，"星图平台"就是抖音官方提供的一个可以为达人接广告的平台，同时品牌方也可以在上面找到要接单的达人。"星图平台"的主打功能就是提供广告任务，撮合服务，并从中收取分成或附加费用。例如，洋葱视频旗下艺人"代古拉 K"接过 OPPO、VIVO、美图手机等品牌广告，抖音广告的报价超过 40 万元。

满足条件的机构可以申请抖音认证 MCN，审核通过即可进入"星图平台"接单，其资质要求如图 7-28 所示。

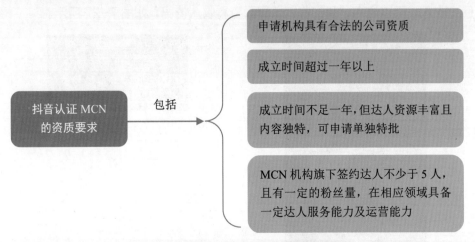

图 7-28　抖音认证 MCN 的资质要求

与抖音官方 MCN 签约，即内容合作，入驻"星图平台"开通账号即可接单。登录"星图平台"后，在后台页面中主要包括"账户信息"和"任务信息"两个部分，如图 7-29 所示。

图 7-29　"星图平台"后台管理页面

在任务列表中，通过任务筛选器可以对任务进行定向筛选，如果运营者对某个任务感兴趣，可以接受任务，然后根据客户需求构思创意并上传视频脚本。提取广告收益的方法也很简单，点击后台管理页面上方"提现"按钮进行操作，首次提现需要通过手机号绑定、个人身份证绑定、支付宝账号绑定 3 个步骤完成实名验证，验证成功后才能申请提现。

7.5.5　多闪 App 变现，更多盈利机会

"多闪"App 的定位是社交应用，不过是以短视频为交友形态，微信的大部分变现产业链同样适用于"多闪"。未来，抖音平台对于导流微信的管控肯定会越来越严格。所以，如果"抖商"在抖音拥有大量的粉丝，就必须想办法去添加他们的"多闪"号。另外，"多闪"App 还能给"抖商"带来更多的变现机会。

（1）抽奖活动。在"多闪"App 推出时，还上线了"聊天扭蛋机"模块，用户只需要每天通过"多闪"App 与好友聊天，即可参与抽奖，而且红包额度非常大。

（2）支付功能。抖音基于"抖商"开发的电商卖货功能，同时还与阿里巴巴、京东等电商平台展开合作，如今还在"多闪"App 中推出"我的钱包"功能，可以绑定银行卡、提现、查看交易记录和管理钱包等，便于"抖商"变现，如图 7-30 所示。

图 7-30　"我的钱包"功能

（3）"多闪"号交易变现。"抖商"可以通过"多闪"号吸引大量精准粉丝，有需求的企业可以通过购买这些流量大号来推广自己的产品或服务。

（4）"多闪"随拍短视频广告。对于拥有大量精准粉丝流量的"多闪"号，完全可以像抖音和头条那样，通过短视频贴牌广告或短视频内容软广告来实现变现。

第 8 章

引流吸粉策略：流量源源不断

学前提示

短视频自媒体是社会发展的一个大趋势，影响力越来越大，用户也越来越多。对于短视频这个聚集了大量流量的地方，运营者怎么可能会放弃这么好的流量池呢？本章将介绍短视频引流的技巧，让你的引流效率翻倍，每天都能够轻松吸粉 1000+！

要点展示

- 爆发引流，14 大方法
- IP 引流，流量暴涨
- 吸粉技巧，增强黏性

8.1 爆发引流，14 大方法

各大短视频平台上聚合了大量的热点信息，同时也聚合众多流量。对于运营者来说，如何通过短视频引流，让它为己所用才是关键。本节主要以抖音平台为例，介绍了一些非常简单的引流方法，手把手教你通过抖音获取大量粉丝。

8.1.1 硬广告引流，推广产品

硬广告引流法是指在短视频中直接进行产品或品牌展示。建议运营者可以购买一个摄像棚，将平时朋友圈发的反馈图全部整理出来，然后制作成照片电影来发布视频，如减肥前后的效果对比图、美白前后的效果对比图等。

例如，华为手机的抖音官方账号不仅打造了各种原创类高清短视频，同时结合手机产品自身的优势功能特点来推广产品，吸引粉丝的关注，如图 8-1 所示。

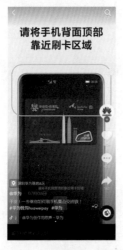

图 8-1 华为手机的短视频广告引流

8.1.2 抖音平台，热搜引流

对于短视频创作者来说，蹭热词已经成为一项重要的技能。运营者可以利用抖音热搜寻找当下的热词，并让自己的短视频高度匹配这些热词，从而得到更多的曝光。

下面总结了视频标题文案紧扣热词、视频话题与热词吻合、视频选用BGM 与热词关联度高、账号命名踩中热词 4 个利用抖音热搜引流的方法。

1. 视频标题文案紧扣热词

如果某个热词的搜索结果只有相关的视频内容，这时视频标题文案的编辑就尤为重要了，运营者可以在文案中完整地写出这些关键词，提升搜索匹配度的优先级别。

2. 视频话题与热词吻合

以"医生"这个热词为例，搜索结果显示，相关话题的关注浏览人数达到97.9 亿，如图 8-2 所示。从视频搜索结果中的热门作品来看，这个短视频的标题文案中并无"医生"这个关键词，之所以能够获得 136.4 万的点赞量，是因为它带有包含热词的话题，如图 8-3 所示。

图 8-2 "医生"的搜索结果　　　　图 8-3 视频话题与热词吻合

3. 视频选用 BGM 与热词关联度高

例如，从"最天使"这一热搜词返回的搜索结果来看，部分短视频从文案到标签，都没有"最天使"的字样。这些短视频能得到曝光机会，是因为 BGM使用了"最天使"这首歌，如图 8-4 所示。因此，通过使用与热词关联度高的BGM，同样可以提高视频的曝光率。

4. 账号命名踩中热词

这种方法比较取巧，甚至需要一些运气，但对于与热词相关的垂直账号来说，一旦账号命名踩中热词，曝光的概率会大幅增加，那么该如何查找热词呢？

运营者可以在抖音的搜索界面点击"热点榜"，在"热点榜"的下方有当天最火的话题排名，也可点击"查看完整热点榜"，查看更多热词，如图 8-5 所示。运营者可以从中选择与自己的短视频相关的话题，并把话题添加到该视频的命名中，搭上热点榜的顺风车，增加短视频的曝光量。

图 8-4　视频选用 BGM 与热词关联度高

图 8-5　在"热点榜"中查找热词

8.1.3　原创视频，平台引流

　　有短视频制作能力的运营者，原创引流是最好的选择。运营者可以把制作好的原创短视频发布到抖音平台，同时在账号资料部分进行引流，如昵称、个人简介等位置，都可以留下微信等联系方式。如图 8-6 所示，为在个人简介处留下微信等联系方式的引流。

图8-6 个人简介引流示例

抖音上的年轻用户偏爱热门和创意有趣的内容，同时在抖音官方介绍中，抖音鼓励的视频是：场景、画面清晰；记录自己的日常生活，内容健康向上，多人类、剧情类、才艺类、心得分享类、搞笑类等多样化内容，不拘于单一风格。运营者制作原创短视频内容时可以记住这些原则，让作品获得更多推荐。如图8-7所示，为利用自己的才艺制作原创视频引流的短视频。

图8-7 才艺类原创视频引流示例

8.1.4 抖音平台，评论引流

抖音短视频的评论区，基本上都是抖音的精准受众，而且都是活跃用户。运营者可以先编辑好一些引流话术，话术中带有微信等联系方式。在自己所发布的视频的评论区回复其他人的评论，评论的内容可以直接复制粘贴引流话术。

1. 评论热门作品引流法

笔者将评论热门作品引流分为两点：一点是运营者回复评论；另一点是精准粉丝引流法。

平时刷短视频刷得多的用户能够发现这么一个问题，短视频运营者基本不在评论区互动。为此，笔者随机查看了二三十条短视频，大多数运营者都没有在评论区互动。

其实，回复评论对于引流非常重要，一条视频成为热门视频之后，会吸引许多用户的关注。此时，运营者如果在热门视频中进行评论，且评论内容对其他用户具有吸引力，那些积极评论的用户就会觉得自己的意见得到了重视。这样一来，这部分用户会更愿意持续关注那些积极回复评论的短视频账号。

不管是在哪一个短视频平台上，用户都更愿意持续关注尊重自己的账号。如果运营者秉持这个理念，并将这个理念贯彻，用心去回复评论，自然就可以吸引更多用户关注自己的账号，从而提高账号的带货能力。

回复评论对于短视频电商运营者来说尤其重要，有时候用户虽然有购买产品的需求，但是心中有一些疑问，于是便选择通过评论来寻求答案。此时，运营者便可以通过解答评论中的疑问来增强用户的购买需求，并增强用户对账号的黏性。

专家提醒

当然，对于一些短视频大号来说，一一回复用户的评论可能是不现实的。此时，运营者也可以重点选择部分热门评论进行回复，或者通过对自己赞同的、精彩的评论点赞，来表示自己对评论的关注。

精准粉丝引流法主要是通过去关注同行业或同领域的相关账号，评论他们的热门作品，并在评论中打广告，给自己的账号或者产品引流。例如，卖女性产品的运营者可以多关注一些护肤、美容等相关账号，因为关注这些账号的粉丝大多是女性群体。

运营者可以到"网红大咖"或者同行发布的短视频评论区进行评论，评论的内容可以直接复制粘贴引流话术。评论热门作品进行引流主要有两种方法。

- 直接评论热门作品：特点是流量大、竞争大。
- 评论同行的作品：特点是流量小但是粉丝精准。

例如，做减肥产品的运营者，可以在抖音搜索减肥类的关键词，即可找到很

多同行的热门作品。运营者可以将这两种方法结合在一起，同时注意评论的频率。还有评论的内容不可以千篇一律，不能带有敏感词。

评论热门作品引流法有两个小诀窍，具体方法如下。

- 用小号到当前热门作品中去评论，评论内容可以写：想看更多精彩视频请点击→→@你的大号。另外，小号的头像和个人简介等资料，这些都是用户能一眼看到的东西，因此要尽量给人很专业的感觉。
- 直接用大号去热门作品中回复：想要看更多好玩的视频请点我。注意，大号不要频繁地进行这种操作，建议一个小时内去评论 2～3 次即可，太频繁的评论可能会被系统禁言。这么做的目的是直接引流，把别人热门作品里的用户流量引入你的作品里面。

2. 抖音评论区软件引流

网络上有很多专业的抖音评论区引流软件，这些引流软件可以在多个平台24 小时同时工作，源源不断地帮运营者进行引流。运营者只要把编辑好的引流话术填写到软件中，然后打开开关，软件就自动地、不停地在抖音等平台的评论区评论，为运营者带来大量流量。

需要注意的是，仅仅通过软件自动评论引流的方式还不是很完美，运营者还需要上传一些真实的视频，对抖音运营多用点心，这样吸引来的粉丝黏性会更高，流量也更加精准。

8.1.5 多个账号，矩阵引流

抖音矩阵是指通过同时做不同的账号运营，来打造一个稳定的粉丝流量池。道理很简单，做一个抖音号也是做，做 10 个抖音号也是做，同时做可以为你带来更多的收获。

运营者想要打造抖音矩阵需要团队的支持，团队至少要配置 2 名主播、1 名拍摄人员、1 名后期剪辑人员以及 1 名推广营销人员，这样才能够保证多账号矩阵的顺利运营。

抖音矩阵的好处很多，首先可以全方位地展现品牌特点，扩大影响力；而且还可以形成链式传播进行内部引流，大幅度提升粉丝数量。

例如，被抖音带火的城市西安，就是在抖音矩阵的帮助下成功的。据悉，西安已经有 70 多个政府机构开通了官方抖音号，这些账号通过互推合作引流，同时搭配 KOL 引流策略，让西安成为"网红"打卡城市。

西安通过打造抖音矩阵可以大幅度提升城市形象，同时给旅游行业引流。当然，不同抖音号的角色定位也会有很大的差别。

抖音矩阵可以最大限度地降低单账号运营风险，这和投资理财强调的"不把鸡蛋放在同一个篮子里"的道理是一样的。多账号一起运营，无论是在做活动还是在引流吸粉上都可以达到很好的效果。但是，在打造抖音矩阵时，还有很多注意事项，如图8-8所示。

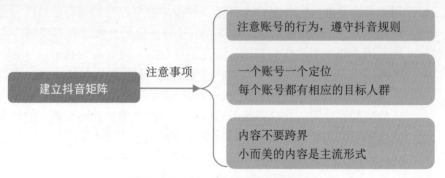

图8-8　建立抖音矩阵的注意事项

这里再次强调抖音矩阵的账号定位非常重要，每个账号角色的定位不能过高或者过低，更不能错位，既要保证主账号的发展，也要让子账号得到很好的成长。

例如，华为手机，利用矩形引流分别开设了华为终端、华为花粉之家、华为产品技巧、华为手机技巧、华为5G、华为玩机技巧等一系列以华为为中心的子账号。如图8-9所示，为一个以手机技巧为主题的华为子账号——"华为产品技巧"，粉丝量达到了560多万。

图8-9　华为的抖音矩阵

8.1.6　抖音私信，回复引流

粉丝关注你的短视频账号之后，如果对相关问题有疑问，可能就会通过私信的方式进行询问。如果你及时回复粉丝的私信，并提供专业意见，粉丝就会觉得你的账号值得一直被关注。

要回复粉丝的私信，首先要找到接收和回复私信的位置。私信界面会显示其他账号发送的私信，短视频运营者可以一一查看私信内容。如果粉丝对某些问题有疑问，可以点击私信信息，并及时进行回复，利用回复进行引流，如图 8-10 所示。

图 8-10　利用抖音私信消息引流

除了回复私信之外，短视频运营者还可以通过被关注自动回复私信的设置，对关注自己的用户表示感谢和欢迎。

被关注自动回复的私信，虽然只有简单的一句话，但是，却能让用户感受到应有的尊重。这就像是与人见面之后说的一句"吃了吗？"一样，虽然看上去感觉有些公式化，但却也让人与人之间多了一份人情味。

8.1.7　跨越平台，分享引流

目前来说，除了那些拥有几百万上千万粉丝的抖音达人账号外，其他只有十来万粉丝的大号跨平台能力都很弱。这一点从微博的转化率就能看出来，普遍都是 100：1，也就是说，如果抖音能够涨 100 万粉丝，而微博只能涨 1 万粉丝，跨平台的转化率非常低。

微博是中心化平台，如今已经很难从其上面获得优质的粉丝；而抖音则是去中心化平台，虽然可以快速地获得粉丝，但粉丝的实际黏性却非常低，转化率还不如直播平台的高。其实，直播平台也是去中心化的流量平台，而且可以人为控制流量，同时粉丝黏性也比较高，因此转化到微博的粉丝比例也更高一些。

抖音粉丝超过 50 万即可参与"微博故事红人招募计划"，享受更多专属的涨粉和曝光资源。除了微博引流外，抖音的内容分享机制也进行了重大调整，拥有更好的跨平台引流能力。

此前，将抖音短视频分享到微信和 QQ 后，被分享者只能收到被分享的短视频链接。但现在，将作品分享到朋友圈、微信好友、QQ 空间和 QQ 好友等平台，抖音就会自动将该视频保存到本地。保存成功后，抖音界面上会出现一个"继续分享"的分享提示。只要用户点击相应按钮就会自动跳转到微信上，这时只要选择好友即可实现单条视频分享。点开即可观看，不用再手动复制链接到浏览器上观看了。

抖音分享机制的改变，无疑是对微信分享限制的一种突破，此举对抖音的跨平台引流和自身发展都起到了一定的推动作用，如图 8-11 所示。

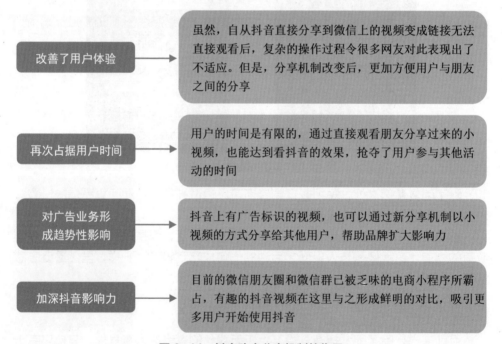

图 8-11　抖音改变分享机制的作用

抖音账号流量不高的原因有两方面，一是内容不行，二是受众太窄。例如，一个新注册的抖音账号，内容定位为"家装"，这就相当于把那些没买房和没装修的人群全部过滤掉了，这样的账号受众就非常窄，流量自然也不会高。抖音平台给新号的流量不多，用户一定要合理利用，内容覆盖的受众越多越好。

还有一点，"颜值"很重要，可以换个帅一点的男演员或更漂亮的女演员，提升视频自身的吸引力，从而增加播放量。抖音的首要原则就是"帅和漂亮"，其他因素都可以往后排，除非你的才华特别出众，可以不用"颜值"来吸引用户。

8.1.8　社交平台，线上引流

跨平台引流最重要的就是各种社交平台了，除了微博外，微信、QQ 平台都拥有大量的用户群体，是抖音引流不能错过的平台。

1. 微信引流

根据腾讯 2020 年一季度的报告数据显示，微信及 WeChat 的合并月活跃账户达到 12 亿，已实现对国内移动互联网用户的大面积覆盖，成为国内最大的移动流量平台之一。下面介绍使用微信为抖音引流的具体方法。

1）朋友圈引流

对于短视频运营者来说，虽然朋友圈单次传播的范围比较小，但是从对接收者的影响程度来说，却是具有其他平台无法比拟的优势，具体如下。

● 用户黏性强，很多人每天都会去翻阅朋友圈。

● 朋友圈好友间的关联性、互动性强，可信度高。

● 朋友圈用户多，覆盖面广，二次传播范围大。

● 朋友圈内转发和分享方便，易于短视频内容的传播。

那么，运营者在朋友圈中进行短视频推广时，应该注意什么呢？在笔者看来，有 3 个方面是需要重点关注的，具体分析如下。

● 运营者在拍摄视频时要注意开始拍摄时画面的美观性。

因为推送到朋友圈的视频，是不能自主设置封面的，它显示的就是开始拍摄时的画面。当然，运营者也可以通过视频剪辑的方式保证推送视频"封面"的美观度。

● 运营者在推广短视频时要做好文字描述。

因为一般来说，呈现在朋友圈中的短视频，好友看到的第一眼就是其"封面"，没有太多信息能让受众了解该视频内容，因此，运营者要把重要的信息放在短视频之前。这样的设置，一来是有助于受众了解短视频，二来是设置得好，可以吸引受众点击播放。

● 运营者利用短视频推广商品时要利用好朋友圈的评论功能。

如果朋友圈中的文本字数太多，是会被折叠起来的，为了完整地展示信息，短视频运营者可以将重要信息放在评论里进行展示，这样就会让浏览朋友圈的人看到推送的全部文本信息。

2）微信群引流

通过微信群发布自己的抖音作品，其他群用户点击视频后可以直接查看内容，增加内容的曝光率。注意发布的时间应尽量与抖音上同步，也就是说，发布完抖音的短视频后马上分享到微信群，但不能太频繁。

3）公众号引流

从某一方面来说，微信公众号就是一个个人、企业等主体进行信息发布并通过运营来提升知名度和品牌形象的平台。短视频运营者如果要选择一个用户基数大的平台来推广短视频内容，且期待通过长期的内容积累构建自己的品牌，那么微信公众平台是一个理想的传播平台。在微信公众号上，运营者可以通过文章对账号的相关信息进行介绍，从而将微信公众号的粉丝转化为短视频账号的粉丝。

运营者如果想要借助短视频进行推广，可以采用多种方式来实现。其中，使用最多的有两种，即"标题＋短视频"形式和"标题＋文本＋短视频"形式。不管采用哪一种形式，都是能清楚地说明短视频内容和主题思想的推广方式的。

在借助短视频进行推广时，也并不局限于某一个短视频的推广，如果短视频运营者打造的是有着相同主题的短视频系列，还可以把短视频组合在一篇文章中联合推广，这样更能有助于受众了解短视频及其推广主题。

2. QQ 引流

作为最早的网络通信平台，QQ 拥有强大的资源优势和底蕴，以及庞大的用户群，是抖音运营者必须巩固的引流阵地。

（1）QQ 签名引流：运营者可以自由地编辑或修改"签名"的内容，在其中引导 QQ 好友关注抖音账号。

（2）QQ 头像和昵称引流：QQ 头像和昵称是 QQ 号的首要流量入口，运营者可以将其设置为抖音的头像和昵称，增加抖音号的曝光率。

（3）QQ 空间引流：QQ 空间是抖音运营者可以充分利用起来进行引流的一个好地方，运营者可以在此发布抖音短视频作品。注意要将 QQ 空间权限设置为所有人都可访问，如果不想有垃圾评论，也可以开启评论审核。

（4）QQ 群引流：无论是微信群，还是 QQ 群，如果没有设置"消息免打扰"的话，群内任何人发布信息，群内其他人都会收到提示信息。因此，与朋友圈和微信订阅号不同，通过微信群和 QQ 群推广短视频账号，可以让推广信息直达受众，受众关注和播放的可能性也就更大。且微信群和 QQ 群内的用户都是基于一定目标、兴趣而聚集在一起的，因此，如果运营者推广的是专业类的视频内容，那么可以选择这一类平台。另外，相对于微信群需要推荐才能加群而言，QQ 群明显更易于添加和推广。目前，QQ 群规划了许多热门分类，短视频运营者可以通过查找同类群的方式加入进去，然后再通过短视频进行推广。QQ 群推广方法主要包括 QQ 群相册、QQ 群公告、QQ 群论坛、QQ 群共享、QQ 群动态和 QQ 群话题等。就如利用 QQ 群话题来推广短视频一样，运营者可以通过相应人群感兴趣的话题来引导 QQ 群用户的注意力。

（5）QQ 兴趣部落引流：QQ 兴趣部落是一个基于兴趣的公开主题社区，这一点和抖音的用户标签非常类似，能够帮助运营者获得更加精准的流量。运营者也可以关注 QQ 兴趣部落中的同行业达人，多评论他们的热门帖子，可以在其中添加自己的抖音账号等相关信息，收集到更加精准的受众。

8.1.9　音频平台，主页引流

短视频与音乐是分不开的，因此运营者还可以借助各种音乐平台来给自己的抖音账号引流，常用的有 QQ 音乐、蜻蜓 FM、网易云音乐。

音乐和音频的一大特点是，只要听就可以传达消息。正因为如此，音乐和音频平台始终都有一定的受众。而对于短视频运营者来说，如果将这些受众好好地利用起来，从音乐和音频平台引流到短视频账号中，便能实现账号粉丝的快速增长。

1. QQ 音乐

QQ 音乐是国内比较具有影响力的音乐平台之一，许多人都会将 QQ 音乐 App 作为必备的 App 之一。在"QQ 音乐排行榜"中设置了"抖音排行榜"，用户只需点击进去，便可以看到很多抖音的热门歌曲，如图 8-12 所示。

图 8-12　"抖音排行榜"的相关界面

因此，对于一些短视频的创作型歌手来说，只要发布自己的原创作品，且作品在抖音上流传度比较高，作品就有可能在"抖音排行榜"中霸榜。而QQ音乐的用户听到之后，就有可能去关注创作者的短视频账号，这便能为创作者带来不错的流量。

而对于大多数普通运营者来说，虽然自身可能没有独立创作音乐的能力，但也可以将进入"抖音排行榜"的歌曲作为短视频的背景音乐。

因为有的QQ音乐用户在听到进入"抖音排行榜"的歌曲之后，可能会去短视频账号上搜索相关的内容。如果你的短视频将对应的歌曲作为背景音乐，便可能进入这些QQ音乐用户的视野。这样一来，你便可以借助背景音乐获得一定的流量。

2. 蜻蜓FM

在蜻蜓FM平台上，用户可以直接在搜索栏寻找自己喜欢的音频节目。对此，运营者只需根据自身内容，选择热门关键词作为标题便可将内容传播给目标用户。如图8-13所示，为笔者在"蜻蜓FM"平台搜索"快手"后，出现的多个与之相关的节目。

图8-13 "蜻蜓FM"中"快手"的搜索结果

对于短视频运营者来说，利用音频平台进行账号和短视频的宣传，是一条很好的营销思路。音频营销是一种新兴的营销方式，它主要以音频为内容的传播载体，通过音频节目运营品牌、推广产品。音频营销的特点具体如下。

（1）闭屏特点。闭屏特点能让信息更有效地传递给用户，这对品牌、产品的推广营销而言更有价值。

（2）伴随特点。相比视频、文字等载体而言，音频具有独特的伴随属性，它不需要视觉上的精力，只需双耳在闲暇时收听即可。

"蜻蜓 FM"是一款强大的广播收听应用，用户可以通过它收听国内、海外等地区数千个广播电台。而且"蜻蜓 FM"相比于其他音频平台，具有如下功能特点，如图 8-14 所示。

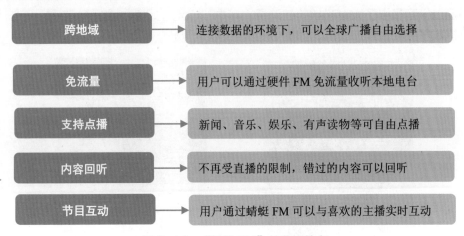

图 8-14　"蜻蜓 FM"的功能特点

短视频运营者应该充分利用用户碎片化的需求，通过音频平台来发布产品信息广告，音频广告的营销效果相比于其他形式的广告要好，而且对于听众群体的广告投放更精准。另外，音频广告的运营成本也比较低廉，所以十分适合本地中小企业进行长期推广。

3. 网易云音乐

网易云音乐是一款专注于发现与分享的音乐产品，依托专业音乐人、DJ（Disc Jockey，打碟工作者）、好友推荐及社交功能，为用户打造全新的音乐生活。网易云音乐的目标受众是一群有一定音乐素养的、较高教育水平、较高收入水平的年轻人，这和短视频的目标受众重合度非常高。因此，网易云音乐成为短视频引流的最佳音乐平台之一。

运营者可以利用网易云音乐的音乐社区和评论功能，对自己的短视频账号进行宣传推广。例如，冯提莫在网易云音乐上对《世间美好与你环环相扣》作出了评论。

冯提莫本身就是一个短视频运营者，因此随着越来越多人在短视频中将她演唱的歌曲作为短视频的 BGM，冯提莫在短视频平台上的影响力也越来越大，而其在短视频账号中获得的粉丝量也将越来越多。

8.1.10　实体店铺，线下引流

短视频的引流是多方向的，既可以从抖音、快手或者跨平台引流到账号本身，也可以将账号的流量引导至其他线上平台。尤其是本地化的短视频账号，还可以通过平台给自己的线下实体店铺引流。

例如，"答案茶""土耳其冰淇淋""CoCo 奶茶"、宜家冰淇淋等线下店铺通过抖音吸引了大量粉丝前往消费。其中"CoCo 奶茶"仅凭抖音短短几个月就招收了数家代理加盟店，如图 8-15 所示。

图 8-15　"CoCo 奶茶"线下引流示例

用抖音给线下店铺引流最好的方式就是开通企业号，利用"认领 POI 地址"功能，在 POI 地址页展示店铺的基本信息，实现线上到线下的流量转化。

当然，要想成功引流，短视频运营者还必须持续输出优质的内容，保证稳定的更新频率以及和用户多互动，并打造好自身的产品，做到这些就可以为店铺带来长期的流量保证。

8.1.11 头条引流，推广账号

今日头条是一款基于用户数据行为的推荐引擎产品，同时也是短视频内容发布和变现的一个大好平台，可以为消费者提供较为精准的信息内容。

虽然今日头条在短视频领域布局了3款独立产品（西瓜视频、抖音短视频、火山小视频），但同时也在自身的App上推出了短视频功能。

短视频运营者通过今日头条平台发布短视频，从而达到引流的目的，下面介绍具体的操作方法。

步骤 01 登录今日头条App，点击右上角的"发布"按钮；在弹出的对话框中点击"发视频"按钮，如图8-16所示。

步骤 02 执行操作后，进入视频选择界面，如图8-17所示。选择需要发布的视频；点击"下一步"按钮，进入"编辑信息"界面。

图8-16 点击"发视频"按钮

图8-17 视频选择界面

步骤 03 操作完成后，编辑相关信息，点击"发布"按钮，如图8-18所示。

步骤 04 执行操作后，发布的短视频会进入审核阶段，运营者可以点击"我的→创作中心"按钮，在"全部"里面可以看到刚刚发布的视频显示"审核中"，发布成功的视频显示"已发布"状态，如图8-19所示。

图 8-18　点击"发布"按钮

图 8-19　视频发布成功

8.1.12　百度引流，同时切入

作为中国网民经常使用的搜索引擎之一，百度毫无悬念地成为互联网 PC 端强劲的流量入口。具体来说，短视频运营者借助百度推广引流主要可从百度百科、百度知道和百家号这 3 个平台切入。

接下来笔者分别对这 3 个平台进行解读。

1. 百度百科

百科词条是百科营销的主要载体，做好百科词条的编辑对短视频运营者来说至关重要。百科平台的词条信息有多种分类，但对于短视频运营者引流推广而言，主要的词条形式包括以下 4 种。

（1）行业百科。短视频运营者可以以行业领头人的姿态，参与到行业词条信息的编辑中来，为想要了解行业信息的用户提供相关行业知识。

（2）企业百科。短视频运营者所在企业的品牌形象可以通过百科进行表述，例如：奔驰、宝马等汽车品牌，在这方面就做得十分成功。

（3）特色百科。特色百科涉及的领域十分广阔，例如，名人可以参与自己相关词条的编辑。

（4）产品百科。产品百科是消费者了解产品信息的重要渠道，能够起到宣传产品，甚至是促进产品使用和产生消费行为等作用。

短视频运营者在编辑百科词条时需要注意，百科词条是客观内容的集合，只站在第三方立场，以事实说话，描述事物时以事实为依据不加入感情色彩，没有过于主观性的评价式语句。

对于运营者引流推广而言，相对比较合适的词条形式无疑是企业百科。如图 8-20 所示，为百度百科中关于"小米手机"的相关内容，采用的便是企业百科的形式。

图 8-20　"小米手机"的企业百科

2. 百度知道

百度知道在网络营销方面，具有很好的信息传播和推广作用，利用百度知道平台通过问答的社交形式，可以对短视频运营者快速、精准地定位客户提供很大的帮助。

基于百度知道而产生的问答营销，是一种新型的互联网互动营销方式，问答营销既能为短视频运营者植入软性广告，同时也能通过问答来挖掘潜在用户。如图 8-21 所示，为关于"Vivo 手机"的相关问答信息。

这个问答信息中，不仅增加了"Vivo 手机"在用户心中的认知度，更重要的是对几款 Vivo 手机的信息进行了详细的介绍。在看到该问答之后，部分用户便会对 Vivo 这个品牌产生一定兴趣，这在无形之中便为该品牌带来了一定的流量。百度知道在营销推广上具有两大优势：精准度和可信度高。这两种优势能形成口碑效应，增强网络营销推广的效果。

图 8-21　"Vivo 手机"在百度知道中的相关问答信息

3. 百家号

百家号是百度于 2013 年 12 月份正式推出的一个自媒体平台。短视频运营者入驻百度百家平台后，可以在该平台上发布文章，然后平台会根据文章阅读量的多少给予运营者一定的收入，与此同时百家号还以百度新闻的流量资源作为支撑，能够帮助运营者进行文章推广、扩大流量。

百家号上涵盖的新闻一共有 5 大模块，即科技版、影视娱乐版、财经版、体育版和文化版。而且百度百家平台排版十分清晰明了，用户在浏览新闻时非常方便。在每日新闻模块的左边是该模块的最新新闻，右边是该模块新闻的相关作者和文章排行。值得一提的是，除了对品牌和产品进行宣传之外，短视频运营者在引流的同时，还可以通过对内容的发布，从百家号上获得一定的收益。

总的来说，百家号的收益主要来自以下 3 大渠道。

（1）广告分成：百度投放广告盈利后采取分成形式。

（2）平台补贴：包括文章保底补贴和百＋计划、百万年薪作者的奖励补贴。

（3）内容电商：通过内容中插入商品所产生的订单量和分佣比例来计算收入。

8.1.13　SEO 引流，选关键词

SEO 是 Search Engine Optimization 的英文缩写，中文译为"搜索引擎优化"。它是指通过对内容的优化获得更多流量，从而实现自身的营销目标。所以，

说起 SEO，许多人首先想到的可能就是搜索引擎的优化，如百度平台的 SEO。

其实，SEO 不只是搜索引擎独有的运营策略。抖音短视频同样也是可以进行 SEO 优化的。比如，我们可以通过对抖音短视频的内容运营，实现内容霸屏，从而让相关内容获得快速传播。

抖音短视频 SEO 优化的关键就在于视频关键词的选择。而视频关键词的选择又可细分为两个方面，即关键词的确定和使用。

1. 视频关键词的确定

用好关键词的第一步就是确定合适的关键词。通常来说，关键词的确定主要有以下两种方法。

1）根据内容确定关键词

什么是合适的关键词？笔者认为，它首先应该是与抖音账号的定位以及短视频内容相关的。否则，用户即便看到了短视频，也会因为内容与关键词不对应而直接滑走，而这样一来，选取的关键词也就没有太多积极意义了。

2）通过预测选择关键词

除了根据内容确定关键词之外，还需要学会预测关键词。用户在搜索时所用的关键词可能会呈现阶段性的变化。

具体来说，许多关键词都会随着时间的变化而产生不稳定的升降趋势。因此，抖音运营者在选取关键词之前，需要先预测用户搜索的关键词。下面笔者从两个方面分析介绍如何预测关键词。

社会热点新闻是人们关注的重点，当社会新闻出现后，会出现一大波新的关键词，搜索量高的关键词就叫热点关键词。

因此，抖音运营者不仅要关注社会新闻，还要会预测热点，抢占最有力的时间预测出热点关键词，并将其用于抖音短视频的创作中。下面笔者介绍一些预测社会热点关键词的方向，如图 8-22 所示。

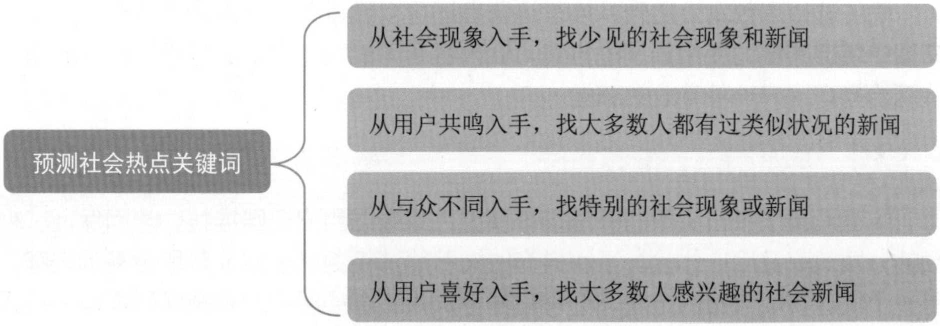

预测社会热点关键词

- 从社会现象入手，找少见的社会现象和新闻
- 从用户共鸣入手，找大多数人都有过类似状况的新闻
- 从与众不同入手，找特别的社会现象或新闻
- 从用户喜好入手，找大多数人感兴趣的社会新闻

图 8-22　预测社会热点关键词

除此之外，即便搜索同一类物品，用户在不同时间段选取的关键词仍有可能会有一定的差异性。也就是说，用户在搜索关键词的选择上可能会呈现出一定的季节性。因此，抖音运营者需要根据季节变换，预测用户搜索时可能会选取的关键词。

值得一提的是，关键词的季节性波动比较稳定，主要体现在季节和节日两个方面，如用户在搜索服装类内容时，可能会直接搜索包含四季名称的关键词，即春装、夏装等；节日关键词会包含节日名称，即春节服装、圣诞服装等。

季节性的关键词预测还是比较容易的，抖音运营者除了可以从季节和节日名称上进行预测，还可以从以下几方面进行预测，如图 8-23 所示。

```
预测季节性关键词 ──┤  节日习俗，如摄影类可以围绕中秋月亮、端午粽子等

                    节日祝福，如新年快乐、国庆一日游等

                    特定短语，如情人节送玫瑰、冬至吃饺子等

                    节日促销，如春节大促销、大减价等
```

图 8-23 预测季节性关键词

2. 视频关键词的使用

在添加关键词之前，抖音运营者可以通过查看朋友圈动态、微博热点等方式，抓取近期的高频词汇，将其作为关键词嵌入抖音短视频中。

需要特别说明的是，运营者在统计出近期出现频率较高的关键词之后，还需了解关键词的来源，只有这样才能将关键词用得恰当。

除了选择高频词汇之外，抖音运营者还可以通过在抖音号介绍信息和短视频文案中增加关键词使用频率的方式，让内容尽可能地与自身业务直接联系起来，从而给抖音用户一种专业的感觉。

8.1.14 抖音引流，推荐算法

抖音沿袭了今日头条的算法推荐模型，即根据用户口味推荐，从而保证了视频的分发效率及用户体验。了解抖音的推荐算法机制能相应地获取更多的推荐，是一个快速获取流量的方法。个性化推荐、人工智能图像识别技术是抖音的技术支撑，挑战赛、小道具、丰富多彩的 BGM 则为运营者提供了各种各样的玩法，让人既能刷到有趣的视频，又可以快速地创作出自己的作品。

在笔者看来，抖音的算法是极具魅力的，因为抖音的流量分配是去中心化的，它的算法可以让每一个有能力产出优质内容的运营者，都能得到与"大 V"公平竞争的机会，实现了人人都能当明星的可能性。

抖音算法机制的好处具体如下。

- 扶持优质运营者，提供各种福利政策。
- 只要能够产出优质内容，即可与"大 V"公平竞争。
- 优待垂直领域的优质视频，给予更多推荐。
- 自动淘汰那些内容差的垃圾视频。

同时，运营者还必须清楚抖音的推荐算法逻辑，抖音的推荐算法逻辑主要包括以下 3 个方面的内容。

1）智能分发

运营者即使没有任何粉丝，发布的内容也能够获得部分流量，首次分发以附近和关注为主，并根据运营者标签和内容标签进行智能分发。

2）叠加推荐

结合大数据和人工运营的双重算法机制，优质的短视频会自动获得内容加权，只要转发量、评论量、点赞量、完播率等关键指标达到了一定的量级，就会依次获得相应的叠加推荐机会，从而形成爆款短视频。

3）热度加权

当内容获得大量粉丝的检验和关注，并经过一层又一层的热度加权后，即有可能进入上百万的大流量池。抖音算法机制中的各项热度的权重依次为：转发量 > 评论量 > 点赞量，并会自动根据时间"择新去旧"。如果运营者想在一个平台上成功吸粉，首先就要了解这个平台的喜好，知道它喜欢什么样的内容，排斥什么样的内容。运营者在抖音上发布作品后，抖音对于作品会有一个审核过程，其目的就是筛选优质内容进行推荐，同时杜绝垃圾内容的展示。

抖音的推荐算法和百度等搜索引擎不同，搜索引擎推荐算法主要依靠外链和高权重等，而抖音则是采用循环排名算法，根据这个作品的热度进行排名，其公式如下。

热度＝播放次数＋喜欢次数＋评论次数

那么机器人是怎么判断视频是否受大家的喜欢呢？已知的规律有两条。

- 用户观看视频时间的长短。
- 视频评论数的多少。

抖音给每一个作品都提供了一个流量池，不管是不是大号、作品质量如何，每个短视频发布后的传播效果，都取决于作品在这个流量池里的表现。因此，我们要珍惜这个流量池，想办法让我们的作品在这个流量池中能有突出的表现。

8.2 IP 引流，流量暴涨

"IP 引流"包括塑造 IP 形象、利用 IP 参加挑战赛、IP 搬运视频、IP 互推合作引流和 IP 在平台进行直播引流等，打造一个完美的 IP 可以快速达到引流的目的，然后利用 IP 参加各种平台活动、话题挑战等，实现 IP 流量暴涨。

8.2.1 挑战话题，聚集流量

挑战性聚流，这个就不得不说抖音这个平台了，这种方式是抖音自家开发的商业化产品，抖音平台运用了"模仿"这一运营逻辑，实现了品牌最大化的营销诉求。

根据平台发布的数据来看，以及在抖音上参加过挑战赛的品牌来看，这种引流营销模式是非常乐观的，那么，参加挑战赛需要注意哪些规则呢？如图 8-24 所示。

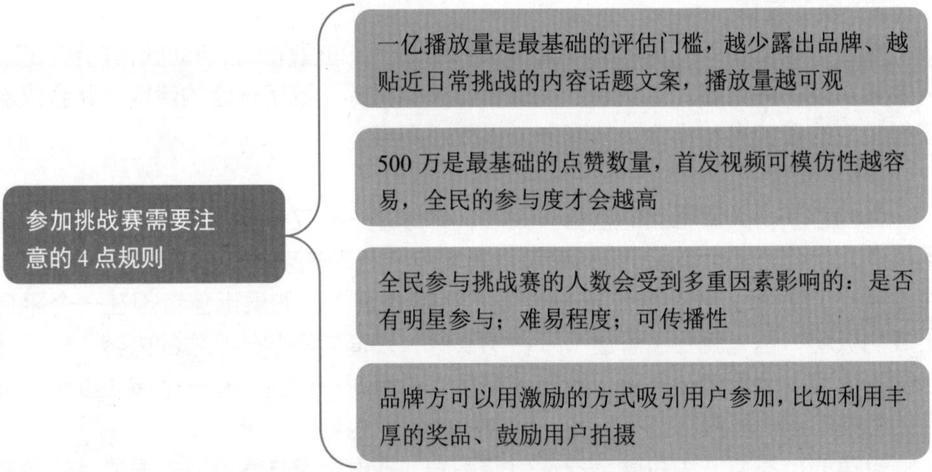

	一亿播放量是最基础的评估门槛，越少露出品牌、越贴近日常挑战的内容话题文案，播放量越可观
	500 万是最基础的点赞数量，首发视频可模仿性越容易，全民的参与度才会越高
参加挑战赛需要注意的 4 点规则	全民参与挑战赛的人数会受到多重因素影响的：是否有明星参与；难易程度；可传播性
	品牌方可以用激励的方式吸引用户参加，比如利用丰厚的奖品、鼓励用户拍摄

图 8-24　参加挑战赛需要注意的 4 点规则

如图 8-25 所示，为雅迪电动车在抖音发起的挑战赛"变身速度与激情"，点击播放量达到了 16 亿多，雅迪将抖音当作一个转化的重要平台，将自己的品牌年轻化，向年轻群体靠拢。

参加抖音挑战赛，抖音的信息流会为品牌方提供更多的曝光，带去更多的流量，以及通过流量可以累积粉丝、沉淀粉丝和更容易被用户接受等一些附加价值。

图 8-25 雅迪电动车"变身速度与激情"挑战赛画面截图

8.2.2 互推合作，相互引流

互推合作引流指的是平台上寻找其他的运营者一起合作，将对方的账号推给自己的粉丝群体，以达到双方可以引流、增粉的目的，达到双赢的效果。

这里的互推和上面的互粉引流玩法类似，但是渠道不同，互粉主要通过社群来完成，而互推则更多的是直接在抖音上与其他运营者合作，来互推账号。在账号互推合作时，运营者还需要注意一些基本原则，这些原则可以作为我们选择合作对象的依据，如图 8-26 所示。

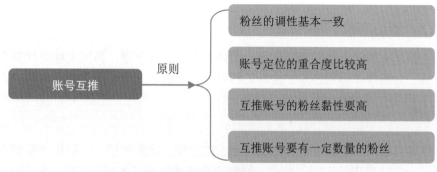

图 8-26 账号互推的基本原则

不管是个人号还是企业号，在选择要合作进行互推的账号时，同时还需要掌握账号互推的技巧，其方法如图 8-27 所示。

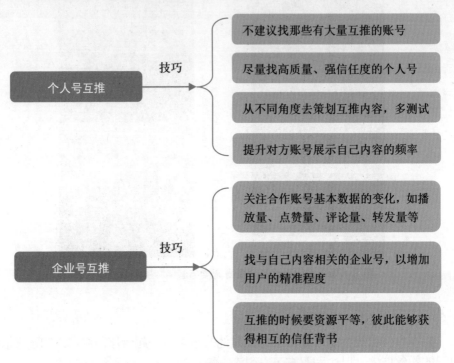

图 8-27　个人号和企业号的互推技巧

随着抖音在人们生活中出现的频率越来越高，它不仅仅是一个短视频社交工具，也成了一个重要的商务营销平台，通过互推，别人的人脉资源能很快成为你的人脉资源，长久下去，互推会极大地拓宽你的人脉圈。有了人脉，还怕没有生意吗？

8.2.3　塑造形象，IP 引流

互联网＋时代，各种新媒体平台将内容创业带入高潮，再加上移动社交平台的发展，为新媒体运用带来了全新的粉丝经济模式，一个个拥有大量粉丝的人物 IP 由此诞生，成为新时代的商业趋势。

1. 去中心化的粉丝经济

各种互联网新媒体平台和短视频平台的出现，比如秒拍、微视和快手等平台聚集了一大批成功的内容创业者，同时也成功地捆住了大量的粉丝。如图 8-28 所示，为"短视频"的搜索结果和抖音短视频下载界面。

图 8-28　"短视频"搜索结果和抖音短视频下载界面

同时，移动互联网的出现也使信息传播模式发生了翻天覆地的变化，比如与之前的传统商业模式比，现在更多的创业者选择了利用自媒体进行创业，以现在大火的"短视频"来说，更多的创业者会选择在各个短视频平台上利用优质短视频进行内容创业，利用优质内容进行引流，从而达到吸粉变现的目的。

也就是说，信息从之前的单一中心向外按层级关系传递变成了现在的信息从单一中心向多中心、无层级、同步且更快速的传递模式。

面对去中心化潮流，传统行业正在被互联网颠覆，并由此产生了 O2O、互联网金融以及移动电商等诸多新模式。同时，这也给普通人带来了更多的创业机会，他们通过网络成为各行各业的红人，也就是现在的"网红"。这些"网红"有一个共同的特点，那就是都拥有强大的粉丝群，这也使得粉丝经济成为时代的"金矿"。

在移动互联网时代，信息的传播速度急速增长，信息的碎片化特征也越来越明显，这些都对粉丝经济模式的形成有一定的推动作用，同时也对互联网中的创业者和企业产生了深远的影响。

2. 催生新商业模式——"抖商"

在粉丝经济模式下，人们的购物决策和路径都在发生变化，比如之前的线上商圈变成了线上平台购物，之前用得比较多的 PC 端购物变成了现在的移动手机端下单购物，这两种购物模式的改变，导致了以前需要固定的时间和地点才可以消费，变成了现在随时随地都可以利用碎片化时间消费的现代化生活方式。

随着电子商务模式的发展，淘宝店铺的开店成本和运营成本的增加，以及市场竞争的日趋激烈，导致互联网创业者们急于找到一个新的突破点。同时，他们在抖音、快手、微视等短视频平台上看到了新的希望，这就产生了一个新的商业模式——"抖商"。

另外，模式先进的"抖商"加上内容丰富的自媒体，使得"去中心化"成为粉丝经济的焦点，同时让塑造自媒体 IP 形象变得更加容易。

同理，借助社交网络传播就是粉丝经济最常用的营销手段，同时也是"去中心化商业"的具体表现。而创业者或企业在社交网络中的粉丝，很有可能就是潜在的消费者，甚至可能会成为最忠诚的消费者。

3. 通过自媒体打造个人 IP

从另一个方面来看，例如，在移动互联网到来之前，大家认识、喜欢的明星可能永远都是那么几个人，而且通常也只是一线明星才拥有大量粉丝。然而，现在的明星已经变得更加多元化、"草根"化了，粉丝们也许看上的是他们的"高颜值"，也许欣赏的是他们的多才多艺，抑或是简单地喜欢他们展示生活的方方面面。

总之，在去中心化的粉丝经济下，也许你只是一个默默无闻的基层创业者，但只要你拥有大量的粉丝，那么你也就拥有了强大的号召力，就有可能成为自媒体 IP，而且你的号召力就存在一定的商业价值和变现能力。

8.2.4 抖音平台，直播引流

在互联网商业时代，流量是所有商业项目生存的根本，谁可以用最少的时间获得更高更有价值的流量，谁就有更多的变现机会。

运营者最常用的引流方式就是抖音或者直播，而且大部分都是真人出镜的演出模式。当然，真人出镜的要求比较高，首先你需要破除心理压力，表情要自然和谐，同时最好有超高的颜值或才艺基础。

因此，真人出镜通常适合一些"大 V"打造真人 IP，积累一定的粉丝数量后，就可以通过接广告、代言来实现 IP 变现，这样做的门槛高，后期变现的上限也非常高。

对于普通人来说，在通过短视频或直播引流时，也可以采用"无人物出镜"的内容形式。这种方式的粉丝增长速度虽然比较慢，但我们可以通过账号矩阵的方式来弥补，以量取胜。下面通过两个案例来说明"无人物出镜"的具体操作方法。

1. 真实场景 + 字幕说明

例如，"手机摄影构图"抖音号发布的短视频都是关于手机摄影构图方面的知识，如拍摄道路的构图方法、拍摄城市夜景的构图方法、拍摄枫树的构图方法、拍摄野花的构图方法等知识，主要通过真实场景演示和字幕说明相结合的形式，将自己的观点全面地表达出来，如图 8-29 所示。

图 8-29　真实场景演示和字幕说明相结合的案例

这种拍摄方式可以有效地避免人物的出现，同时又能够将内容完全展示出来，非常接地气，自然能够得到大家的关注和点赞。

2. 图片视频 + 字幕配音

例如，"彭曙光老师"抖音号发布的视频内容都是一些关于抖音、微信、微博营销的专业知识，很多作品都采用图片视频 + 字幕配音的内容形式，如图 8-30 所示。

3. 图片演示 + 音频直播

通过"图片演示 + 音频直播"的内容形式，可以与学员实时互动交流。用户可以在上下班路上、休息间隙、睡前、地铁上、公交上、上厕所、边玩 App 边听课程分享，节约了宝贵时间，带来了更好的体验。

当然，执行力远大于创意，不管是短视频还是直播，不管是做哪方面的内容，或者采用什么样的内容形式都需要坚持，只有这样才能获得更多的流量，这是做运营者的基本底线。

图 8-30　图片视频 + 字幕配音的内容形式案例

8.3　吸粉技巧，增强黏性

对于短视频运营者来说，无论是吸粉，还是粉丝的黏性都非常重要。而吸粉和粉丝的黏性又都属于粉丝运营的一部分，因此，大多数短视频运营者对于粉丝运营都比较重视。

这一节笔者就通过对粉丝运营相关内容的解读，帮助各位短视频运营者提高粉丝运营能力，更好地增强粉丝黏性。

8.3.1　打造人设，持续吸粉

许多用户之所以长期关注某个账号，就是因为该账号打造了一个吸睛的人设。因此，短视频运营者如果通过账号打造了一个让用户记得住的、足够吸睛的人设，那么便可以持续地获得粉丝。

通常来说，短视频运营者可以通过两种方式打造账号人设吸粉。一种是直接将账号的人设放在账号简介中进行说明；另一种是围绕账号的人设发布相关视频，在强化账号人设的同时，借助该人设吸粉。

8.3.2 大咖合拍，借势吸粉

大咖之所以被称为"大咖"，就是因为他们带有一定的知名度和流量。如果短视频运营者发布与大咖的合拍视频，便能吸引一部分对该大咖感兴趣的短视频用户，并将其中部分用户转变为短视频账号的粉丝。

通常来说，与大咖合拍主要有两种方式：一种是与大咖合作，现场拍摄一条合拍视频；另一种是通过短视频平台中的"拍同款"功能，借助大咖已发布的视频，让大咖与自己的内容同时出现在画面中，手动进行合拍。

这两种合拍方式各有优势，与大咖现场合拍的视频，能够让用户看到大咖的现场表现，内容看上去更具有真实感。而通过"拍同款"功能进行合拍，则操作相对简单，也更具有可操作性，只要大咖发布了可合拍的视频，短视频运营者便可以借助相应的视频进行合拍。

8.3.3 个性语言，吸引关注

许多用户之所以会关注某个短视频账号，主要就是因为这个账号有着鲜明的个性。构成账号个性的因素有很多，个性化的语言便是其中之一。因此，短视频运营者可以通过个性化语言打造鲜明的个性形象，从而借此吸引粉丝的关注。

短视频主要由两个部分组成，即画面和声音。而具有个性的语言则可以让视频的声音更具有特色，同时也可以让整个视频对用户的吸引力更强。一些个性语言甚至可以成为短视频运营者的标志，让用户一看到该语言就会想到某位短视频运营者，甚至在看某位短视频运营者的视频和直播时，会期待其标志性话语的出现。

8.3.4 转发视频，社群吸粉

每个人都有属于自己的关系网，这个网包含的范围很大，其中甚至会包含很多没有见过面的人，比如虽然同在某个微信群或QQ群中，但从没见过面的人。如果运营者能够利用自己的关系网，将账号中已发布的视频转发给他人，那么便可以有效地提高短视频的传播范围，为账号吸粉创造更多可能性。

平台开通了分享功能，运营者可以借助该功能将视频转发至微信、QQ等平台。运营者转发完成之后，微信群、QQ 群成员如果被吸引，就很有可能登录该平台，关注你的账号。当然，通过这种方式吸粉，应尽可能让视频内容与分享的微信群、QQ 群中的主要关注点有所关联。

例如，同样是转发教授摄影技巧的短视频，将其转发至关注摄影的微信群获得的吸粉效果，肯定比将视频转发至专注唱歌的微信群获得的效果更好。

8.3.5　互关吸粉，黏性更强

如果用户喜欢某个账号发布的内容，可能就会关注该账号，以方便日后查看该账号发布的内容。虽然关注只是用户表达喜爱的一种方式，大部分关注你的短视频用户，也不会要求你进行互关。

但是，如果用户关注了你的短视频账号之后，你进行了互关，那么用户就会觉得自己得到了重视。在这种情况下，那些互关的粉丝就会更愿意持续关注你的账号，粉丝的黏性自然也就增强了。

这种增强粉丝黏性的方法在短视频账号运营的早期尤其实用。因为短视频账号刚运营时，粉丝数量可能比较少，增长速度也比较慢，但是，粉丝流失率可能会比较高。也正因为如此，短视频运营者可以尽可能地与所有粉丝互关，让粉丝感受到自己被重视。

8.3.6　话题内容，积极互动

内容方向相同的两个短视频账号，其中一个账号会经常发布一些可以让你参与进去的内容，而另一个账号则只顾着输出内容，不管你的想法。这样的两个账号，你会更喜欢哪个账号呢？答案应该是显而易见的，毕竟大多数短视频运营者都有自己的想法，也希望将自己的想法表达出来。

基于此，短视频运营者可以在内容打造的过程中，为用户提供一个表达的渠道。通过打造具有话题性的内容，提高用户的参与度，让用户在表达欲得到满足的同时，愿意持续关注你的短视频账号。

例如，某个以发布游戏类内容为主的短视频账号，发布了一条关于《王者荣耀》的短视频。该视频的封面直接写道："王者荣耀春节破纪录，你知道吗？"

看到这个封面之后，许多对《王者荣耀》感兴趣的用户会忍不住想要查看该视频。再加上视频内容具有一定的引导性，因此，许多用户看完视频之后，纷纷在评论区进行评论。

这些发言的短视频用户中，大部分又会选择关注发布该视频的短视频账号。而那些已经关注了该账号的用户则会因为该账号发布的内容比较精彩，并且自己能参与进来而进行持续关注。所以这样一来，该短视频账号的粉丝黏性便得到了增强。

第 9 章

掌握技巧：数据分析先人一步

学前提示

在运营短视频账号的过程中，运营者要想准确判断和了解账号运营的效果，就需要用数据驱动用户、促进收益的增长。那么，运营者有哪些数据是需要重点运营的呢？又该如何查看分析这些数据呢？这一章笔者就来重点解答这两个问题。

要点展示

- 抖音号，用数据驱动用户和收益增长
- 快手号，以用户为中心的大数据分析
- B 站，数据分析助力账号内容定位

9.1 抖音号，用数据驱动用户和收益增长

对于短视频运营者来说，要想在抖音上获取可观的收益，就必须懂得分析抖音号的数据，通过用数据驱动用户，来获取更多收益。那么，运营者要分析抖音号的哪些数据呢？本节笔者将从数据概况分析、粉丝特征分析、播主视频分析、电商数据分析 4 个方面分别进行解读。

9.1.1 数据概况分析，追踪流量趋势

和头条号、大鱼号、微信公众号等平台不同的是，如果抖音号的粉丝不到 1000，那么，抖音后台中有一部分数据是无法查询的。也就是说，有一部分新抖音号还得借助其他平台查询数据。能够查询抖音数据的平台比较多，本章中笔者就以 "飞瓜数据" 这个平台为例进行分析。

在飞瓜数据 PC 端中，运营者只要进入官网首页，查询抖音号便可直接看到账号的数据概览情况。接下来笔者就来介绍具体的操作步骤。

步骤 01 在浏览器中输入 "飞瓜数据"，进入其官网默认界面，单击界面中的 "抖音版" 按钮，如图 9-1 所示。

图 9-1 "飞瓜数据" 官方默认界面

步骤 02 进入 "飞瓜数据抖音版" 界面后，单击界面中的 "立即使用" 按钮，如图 9-2 所示。

图 9-2 单击 "立即使用" 按钮

步骤 03 操作完成后，会弹出扫码登录。正确完成扫码之后，便可登录该平台。登录之后，单击"播主查找→播主搜索"按钮；在搜索栏中输入关键词，如图 9-3 所示。

图 9-3 输入搜索关键词

步骤 04 进入搜索结果界面，从搜索结果中选择需要查看数据的账号。例如，笔者搜索的是"星空下的王老飞"，所以只需在搜索结果中单击"星空下的王老飞"这个抖音号后方的"查看详情"按钮即可，如图 9-4 所示。

步骤 05 操作完成后，进入账号数据查询界面，抖音号运营者便可以查看账号的数据概况了。

图9-4 单击"查看详情"按钮

那么，在飞瓜数据这个平台中，抖音号的数据概况主要包括哪些内容呢？下面笔者就来进行具体解读。

1. 数据概览

在飞瓜数据中，可以查询两方面的账号数据概览情况。一是在"数据概览"界面中有6个方面的内容，即"数据概览""粉丝趋势""点赞趋势""评论趋势""评论词云"和"近30天作品表现"。

"数据概览"就属于其中一个部分，在该部分中，可以查询账号的"最新作品数""粉丝增量""新增点赞""新增评论""新增转发""新增直播"等数据。如图9-5所示，为某账号的"数据概览"情况。

图9-5 某账号的"数据概览"情况

二是在账号基本信息的下方会呈现"数据概览""巨量星图指数"和其他的账号相关数据，如图9-6所示。

2. 粉丝趋势

"粉丝趋势"位于"数据概览"界面中的"数据概览"部分的下方。在"粉丝趋势"部分，抖音号运营者可以查看粉丝的增量或总量的变化趋势。如图9-7

所示，为某抖音号的粉丝增量变化趋势图。

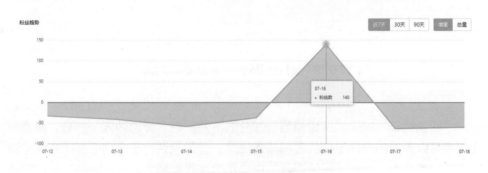

图 9-6 "数据概览""巨量星图指数"（左）和其他的账号相关数据（右）

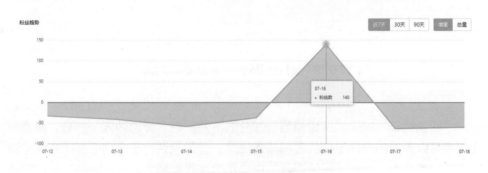

图 9-7 某抖音号的粉丝增量变化趋势图

3. 点赞趋势

"点赞趋势"位于"粉丝趋势"部分的下方。在"点赞趋势"部分中，抖音号运营者可以查看点赞的增量或总量的变化趋势。如图 9-8 所示，为某抖音号的点赞增量变化趋势图。

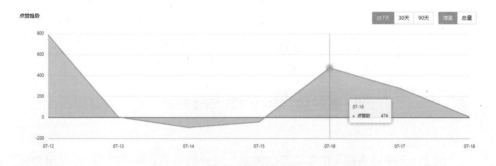

图 9-8 某抖音号的点赞增量变化趋势图

4. 评论趋势

"评论趋势"位于"点赞趋势"部分的下方。在"评论趋势"部分中,抖音号运营者可以查看评论的增量或总量的变化趋势。通常来说,评论增量为正数时,账号的评论总量即为增加。

如果抖音号运营者将鼠标停留在趋势图的某个位置,则可查看某一天的具体评论量。如图9-9所示,为某抖音号的评论增量变化趋势图。

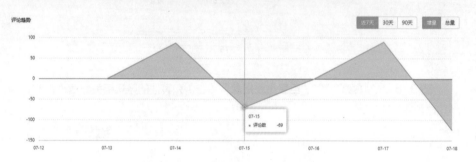

图9-9 某抖音号的评论增量变化趋势图

5. 评论词云

"评论词云"位于"评论趋势"部分的下方。在"评论词云"部分,抖音号运营者可以查看用户评论你的短视频的热词。通常来说,某个词汇在用户评论中出现的频率越高,其在"评论词云"中显示的字号就越大。另外,抖音运营者还可以在右侧的搜索栏中输入关键词,查看带有该关键词的用户评论。如图9-10所示,为某抖音号的"评论词云"。

图9-10 某抖音号的"评论词云"

6. 近30天作品表现

"近30天作品表现"位于"评论词云"部分的下方。在"近30天作品表现"

部分，抖音号运营者可以查看用户对近 30 天来用户的点赞量和评论量变化图。

虽然该部分名为"近 30 天作品表现"，但是却只会出现 10 天的数据。具体来说，其只列出发布了作品那天的数据情况，因此下方的日期有时候可能不是连续的。另外，抖音号运营者将鼠标停留在图中的某个位置，图中还会显示某一天的点赞量和评论量。如图 9-11 所示，为某抖音号的"近 30 天作品表现"。

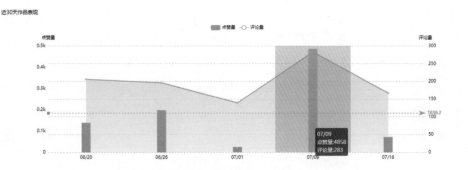

图 9-11　某抖音号的"近 30 天作品表现"

9.1.2　粉丝特征分析，寻找用户兴趣点

"粉丝特征分析"是飞瓜数据平台中抖音账号数据分析的第二大板块。在该板块的界面中，对"粉丝画像""粉丝兴趣分布""粉丝活跃趋势"和"粉丝重合抖音号"这 4 个部分的内容进行了呈现。

例如，抖音号运营者可以在"粉丝画像"界面中单击"粉丝兴趣分布"按钮，便可进入"粉丝兴趣分布"界面。在该界面中，会列出一些该抖音号粉丝感兴趣的内容的关键词，并用百分比来表示用户对该内容的关心程度。如图 9-12 所示，为某抖音号的粉丝兴趣分布情况。

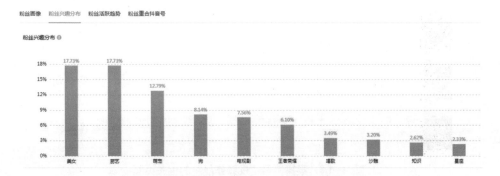

图 9-12　某抖音号的粉丝兴趣分布情况

9.1.3　播主视频分析，查看商品热词

"播主视频"是飞瓜数据平台中抖音账号数据分析的第三大板块。在该板块的界面中，对"数据概览"和"视频作品"这两个部分的内容进行了呈现。

1.　数据概览

"数据概览"是"播主视频"界面中的第一项内容。在该内容中，展示了"作品数""平均点赞数""平均评论"和"平均分享"的相关数据。抖音号运营者可以选择查看"昨天""近7天""30天"和"90天"这几个时间内的上述几项数据。如图9-13所示，为某抖音号的90天播主视频的数据概览。

图9-13　某抖音号的90天播主视频的数据概览

2.　视频作品

"视频作品"位于"数据概览"的下方。在"视频作品"部分，抖音号运营者可以查看已发布视频的点赞量、评论量和转发量等数据。还可以在搜索栏中输入关键词搜索包含该关键词的视频。如图9-14所示，为某抖音号"视频作品"的相关页面。

图9-14　某抖音号"视频作品"的相关页面

另外，在每个视频的后方都有4个按钮，具体来说，单击▤按钮，可以查

看视频的指数分析；单击 🔥 按钮，可以查看视频的观众分析；单击 ▶ 按钮，可以播放视频；单击 ⭐ 按钮，可以收藏视频。

以单击 ≡ 按钮为例，执行操作之后，抖音号运营者便可进入视频的指数分析界面。在该界面中，抖音号运营者可以查看"视频热词 TOP10""商品热词 TOP10"和该视频的"全部评论"。

其中，"视频热词 TOP10"中会列出 10 个视频热词，并通过百分比来表示这些词汇的热门程度。如图 9-15 所示，为某抖音视频"视频热词"的相关页面。

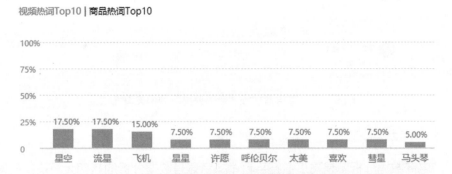

图 9-15　某抖音视频"视频热词"的相关页面

"商品热词 TOP10"中同样会列一些商品热词，并通过百分比来表示这些词汇的热门程度。需要说明的是，该处只会显示介绍商品的词汇，如果总的词汇不到 10 个，"商品热词 TOP10"中便不会显示 10 个词汇。如图 9-16 所示，为某抖音视频"商品热词"的相关页面。

图 9-16　某抖音视频"商品热词"的相关页面

"全部评论"中会展示用户对该视频的评论内容。同时，在每个评论内容的后方还会显示该评论的点赞量。如图 9-17 所示，为某抖音视频"全部评论"的相关页面。

图 9-17　某抖音视频"全部评论"的相关页面

9.1.4　电商数据分析，看上榜趋势图

"电商数据分析"是飞瓜数据平台中抖音账号数据分析的第四大板块。在该板块的界面中，对"上榜趋势图"和"商品列表"这两个部分的内容进行了呈现。

1. 上榜趋势图

在"上榜趋势图"中，可以查看当前账号的电商数据上榜情况。另外，抖音号运营者将鼠标停留在图中的某个点上，还可以查看某一天的排名情况。如图 9-18 所示，为某抖音号的"上榜趋势图"。

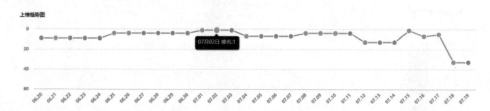

图 9-18　某抖音号的"上榜趋势图"

2. 商品列表

"商品列表"位于"上榜趋势图"的下方。在"商品列表"部分，抖音号运营者可以从"合作品牌"或"商品分类"中进行选择，查看"橱窗商品"或"直播商品"的相关数据情况。

如图 9-19 所示，为某抖音号全部橱窗商品的数据分析页面。可以看到，在该页面中便对"播主关联视频点赞总量""播主关联视频数""抖音访客量总量""全网销量总量"和"售价"等数据进行了呈现。

图 9-19 抖音号全部橱窗商品的数据分析页面

9.2 快手号，以用户为中心的大数据分析

快手短视频自媒体已经是发展的一个大趋势，影响力日益增大，其平台用户也越来越多。对于快手这个聚集了大量用户的地方，短视频运营者肯定是不可能会放弃的。那么，运营者又该怎样分析这些用户，让这些用户成为自己的粉丝流量呢？

9.2.1 近 7 日作品数据，持续打造爆款

运营者单击快手创作者服务平台左侧菜单栏中的"统计→作品分析"按钮，便可进入"作品分析"界面。进入"作品分析"界面之后，运营者首先看到的就是"近 7 日作品数据"页面。该页面中对"作品数""播放数""点赞数"和"完成播放（次）"等数据进行了呈现，如图 9-20 所示。

图 9-20 单击"统计→作品分析"按钮

9.2.2 作品数据趋势，监控内容数据变化

"作品数据趋势"位于"近7日作品数据"的下方。在"作品数据趋势"中，运营者可以选择查看"近7天""近1个月"或"近3个月"的"播放数""完成播放次数""点赞数""评论数""分享数""作品直接涨粉数"和"作品数"等数据。如图9-21所示，为某快手号的"作品数据趋势"页面。

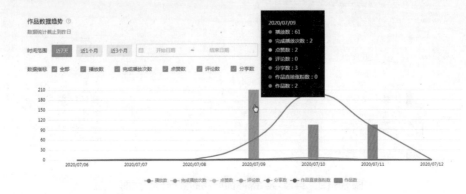

图9-21　某快手号的"作品数据趋势"页面

9.2.3 作品数据明细，及时调整内容策略

"作品数据明细"位于"作品数据趋势"的下方。在"作品数据明细"页面中，运营者可以查看"近7天""近1个月"或"近3个月"的视频数据信息。具体来说，运营者在该页面中可以看到相关作品的"播放数""点赞数"和"评论数"等数据。如图9-22所示，为某快手号的"作品数据明细"页面。

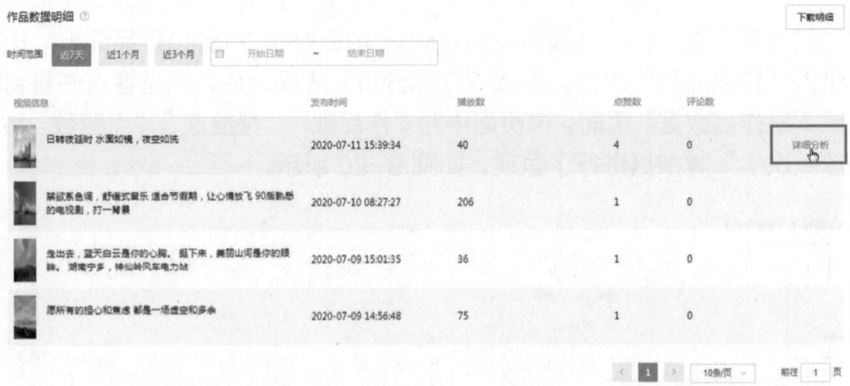

图9-22　某快手号的"作品数据明细"页面

另外，运营者还可以单击"作品数据明细"页面中对应作品的"详细分析"按钮，查看该作品的详细数据分析。如图 9-23 所示，为某快手作品的"详细分析"页面。可以看到，在该界面中对该作品的"播放数""完成播放次数""点赞数""评论数""分享数"和"作品直接涨粉数"等数据进行了呈现。

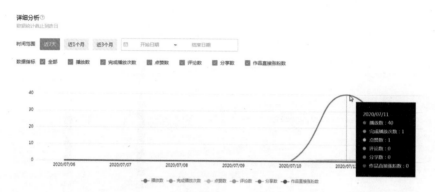

图 9-23　某快手作品的"详细分析"页面

9.2.4　粉丝数据分析，粉丝管理，加强互动

运营者单击快手创作者服务平台左侧菜单栏中的"统计→用户分析"按钮，便可进入"用户分析"界面。在"用户分析"界面中，运营者可以查看 3 方面的数据，即"粉丝数据""作品受众数据"和"直播受众数据"。

具体来说，进入"粉丝数据"界面之后，运营者首先看到的是"性别分布"页面。该页面中对男性、女性和未知性别粉丝的具体占比情况进行了呈现，如图 9-24 所示。

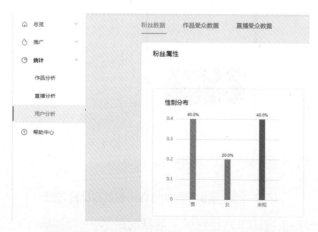

图 9-24　某快手号的粉丝"性别分布"页面

"性别分布"的右侧是"年龄分布"和"系统分布"。"年龄分布"页面中对账号各年龄段粉丝的占比情况进行了展示；而"系统分布"页面中则对粉丝所使用的手机系统占比情况进行了展示。如图9-25所示，为某快手号的"年龄分布"和"系统分布"页面。

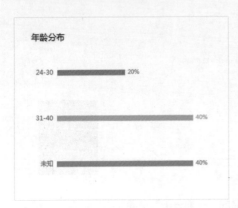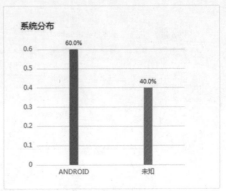

图9-25　某快手号的"年龄分布"和"系统分布"页面

　　"年龄分布"和"系统分布"的下方是粉丝地域分布情况。粉丝地域分布情况包含两方面的内容，一是一张显示各省份粉丝占比的地图；二是显示各城市粉丝占比的分布图。如图9-26所示，为某快手号的各城市粉丝占比分布图。

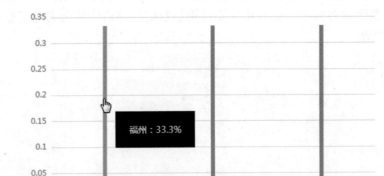

图9-26　某快手号的各城市粉丝占比分布图

　　粉丝地域分布情况的下方是粉丝"活跃时段"。"活跃时段"页面中会对粉丝各时间段的活跃比例进行展示。当然，如果粉丝数少，或者粉丝活跃度低，那么"活跃时段"页面中可能会显示"暂无数据"。如图 9-27 所示，为某快手号的"活跃时段"页面。

活跃时段

暂无数据

图 9-27　某快手号的"活跃时段"页面

9.2.5　作品受众数据，定位内容，精准触达

运营者单击"粉丝数据"界面中的"作品受众数据"按钮，便可进入"作品受众数据"界面。在该界面中，运营者可以查看"近 7 天"或"近 1 个月"受众"点击""点赞""评论""分享"和"关注"的相关数据。

以"点击"数据为例，运营者可以查看受众的"性别分布""年龄分布""系统分布""省级地域分布""城市地域分布"和"活跃时段"的相关数据。

"性别分布"页面中，对点击作品的受众的具体占比情况进行了展示，如图 9-28 所示。

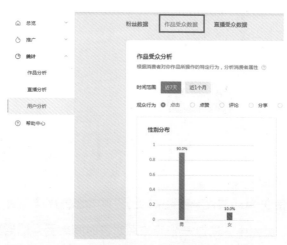

图 9-28　某快手号的"作品受众分析"页面

"年龄分布"页面中，对点击作品的各年龄段受众的占比情况进行了展示；"系统分布"页面中，对点击作品的受众所使用的手机系统的占比情况进行了展示。如图9-29所示，为某快手号作品的受众"年龄分布"和"系统分布"页面。

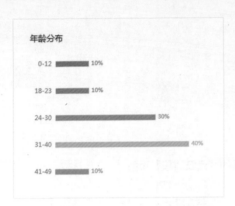
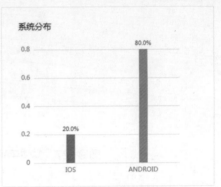

图9-29　某快手号作品的受众"年龄分布"和"系统分布"页面

"省级地域分布"页面中，通过一张地图对点击作品的各省份受众的占比情况进行了展示；"城市地域分布"页面中，通过一张图对点击作品的各城市受众的占比情况进行了展示。如图9-30所示，为某快手号作品的受众"城市地域分布"页面。

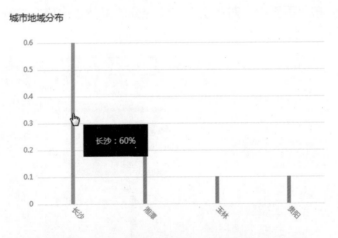

图9-30　某快手号作品的受众"城市地域分布"页面

"活跃时段"页面中，通过一张趋势图对各时间点受众的活跃比例进行了展示。如图9-31所示，为某快手号作品的受众"活跃时段"页面。

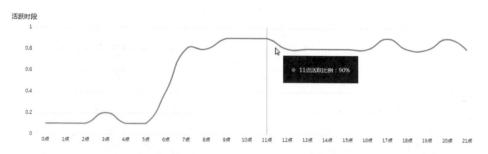

图 9-31　某快手号作品的受众"活跃时段"页面

9.3　B站，数据分析助力账号内容定位

随着抖音、快手等短视频平台大火之后，B站被业内人士认为是最有可能破圈的一个平台，随着2020年5月4日《后浪》宣传片引发热议，越来越多的企业号和个人营销号开始重新认识B站，并入驻B站，运营者想要在B站中站稳脚，首先要学会分析B站的数据。

本节笔者将从视频数据分析、观众粉丝分析、排行榜分析3个方面为大家介绍B站的数据分析方法。

9.3.1　视频数据分析，洞察趋势，关注数据走势

运营者在进行B站视频运营的过程中，内容既是运营的重心，也是用户熟悉、接受产品和品牌的重要途径。因此，运营者需要对内容进行重点关注，要对自己的运营内容进行评估，以便确定未来运营的方向。

运营者可以从视频的播放完成率、增量数据趋势、视频播放量排行、播放终端占比、各分区占比排行5个方面进行数据分析。

例如，分析播放完成率，一般来说，内容越精彩的视频，其播放完成率就越高。

步骤 01 UP主进入B站电脑网页端的"创作中心"界面，单击左侧的"数据中心"选项，如图9-32所示。

步骤 02 进入"数据中心"界面后，即可看到播放完成率统计图，如图9-33所示。

下面笔者具体分析播放完成率统计图。如图9-34所示，为播放完成率统计图左侧纵轴，我们可以看出它代表的是视频播放完成率，具体的计算方法为：用户平均观看时长 ÷ 视频时长 × 100%。如图9-35所示，右侧纵轴为视频时长，min代表的是分钟，数据会精确到小数点后两位。

图 9-32 "创作中心"界面

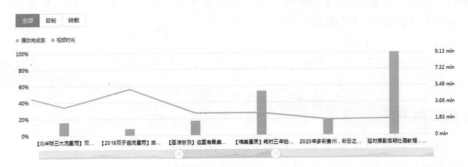

图 9-33 播放完成率统计图

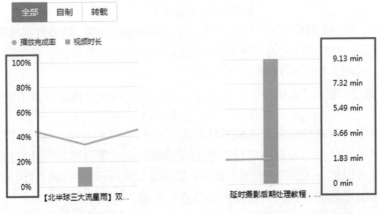

图 9-34 左侧纵轴 　　　　　图 9-35 右侧纵轴

如图 9-36 所示，为播放完成率统计图横轴，它代表的是视频名称，横轴上方的蓝色柱状体代表的是当前视频时长，黄色折线代表的是该视频的播放完成率。

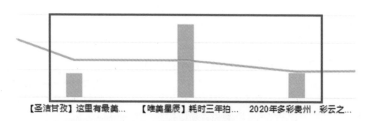

图 9-36　播放完成率统计图横轴

播放完成率统计图横轴上最多只能显示 7 个中文字符，超过 7 个中文字符会自动折叠。如果 UP 主想查看视频标题和具体数据，可直接将鼠标放置在蓝色柱状体上，如图 9-37 所示。

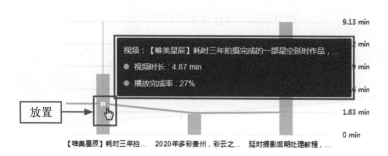

图 9-37　查看视频标题和具体数据

播放完成率统计图底部有一个 ○ 按钮，UP 主可通过滑动该按钮调节蓝色柱状体的显示数量。如图 9-38 所示，为播放完成率统计图，当前图蓝色柱状体显示数量为 6 个，说明只显示了 6 个视频的数据，UP 主如果想查看更多视频的数据，可尝试向左滑动 ○ 按钮。

当 UP 主向左滑动 ○ 按钮后，我们能看到蓝色柱状体显示数量已增加至 11 个，如图 9-39 所示。

又如，UP 主可以在创作中心查看视频播放量排行榜单，具体操作如下。

步骤 01　进入 B 站电脑网页端的"数据中心"界面，单击"展开更多"按钮，如图 9-40 所示。

步骤 02　展开列表后，UP 主可以看到 10 条视频的播放量数据，如图 9-41 所示。

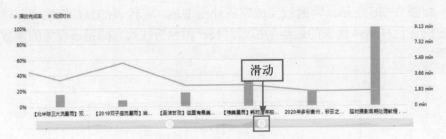

图 9-38   6 个蓝色柱状体

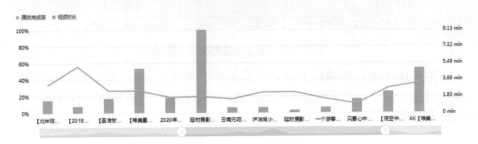

图 9-39   11 个蓝色柱状体

图 9-40   点击"展开更多"按钮

图 9-41   10 条视频播放量数据（部分）

步骤 03 当 UP 主把鼠标放置在指定的环形区域时，会弹出一个黑色弹窗，上面显示了视频标题、播放数量和播放占比等数据，如图 9-42 所示。

图 9-42 黑色弹窗

9.3.2 关注粉丝分析，记录整体账号的粉丝情况

对粉丝进行数据分析主要包括了粉丝活跃度、新增用户趋势、新增粉丝来源、粉丝排行和粉丝画像 5 个方面。

如图 9-43 所示，为某 UP 主新增粉丝来源图，我们可以明显看到，该 UP 主的粉丝 62% 是来自主站视频页，25% 是来自主站个人空间，来自专栏和音频的粉丝占比为 0%，来自其他渠道的粉丝占比为 13%。

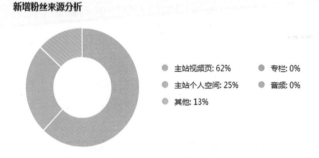

图 9-43 新增粉丝来源图

我们从这些数据中可以发现，该 UP 主可能很少更新专栏稿件和音频稿件，所以没有粉丝是来自这两个渠道。因此，该 UP 主如果能更新一些专栏和音频稿件，便可拓宽自己的吸粉引流渠道。

如图 9-44 所示，为粉丝活跃度图。从图中的数据来看，该 UP 主的粉丝观看活跃度为 24%，互动活跃度为 12%，我们可以从数据看出该 UP 主的粉丝活跃度相对较低。UP 主应该从自身找原因，譬如是不是视频内容无法调动粉丝的积极性，是不是很少与用户进行互动。找到粉丝活跃度低的原因后，UP 主应该积极寻求解决方案，譬如为视频增加更多有趣的内容，经常推出与粉丝互动的活动。

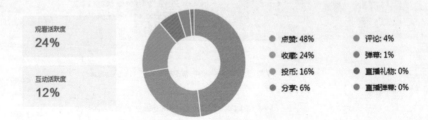

图 9-44　粉丝活跃度图

我们再来看该 UP 主的其他信息：粉丝点赞占比为 48%、收藏占比为 24%、投币占比为 16%、分享占比为 6%、评论占比为 4%、弹幕占比为 1%、直播礼物和直播弹幕占比都是 0%。从这些数据中我们可以分析得出：该 UP 主很少开直播，且其与粉丝互动量少，所以 UP 主可以通过开通直播，增加与粉丝的互动量，来提升粉丝的活跃度。

9.3.3　排行榜分析，相关热点榜单，一网打尽

运营者除了可以查看自己的数据外，还可以通过"B 站 UP 主数据排行"小程序和"BiliOB 观测者"网站来查看其他 UP 主的数据。下面笔者就具体介绍这两个产品的使用方法。

1. "B 站 UP 主数据排行"小程序

UP 主在该小程序中可以看到指数榜（综合排名的榜单）和粉丝榜。此外，我们还能在该小程序中看到 B 站视频分区占比图、视频时长分布图和视频发布时间分布图，如图 9-45 所示。

值得一提的是，在发布 B 站视频时，笔者建议大家的发布频率是一周至少 2 ~ 3 条，然后进行精细化运营，保持视频的活跃度，让每一条视频都尽可能地上热门。至于发布的时间，为了让你的作品被更多的人看到，一定要选择在线人数多的时候进行发布。

2. "BiliOB 观测者"网站

在"BiliOB 观测者"网站首页，大家可以参与到"观察者预测"的互动中来，譬如"哔哩哔哩漫画粉丝数突破 14000000 的时间预测"，如图 9-46 所示。此外，UP 主还能看到 B 站的飙升关键字。

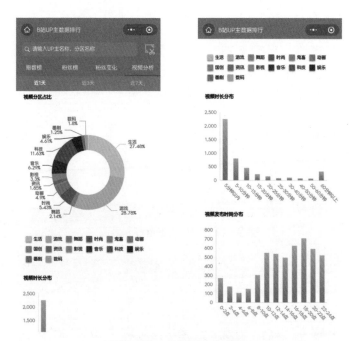

图 9-45　视频分析相关图

观测者预测

图 9-46　"观察者预测"

在"BiliOB 观测者"网站我们可以搜索到更多的 UP 主信息，具体操作如下。

步骤 01　UP 主进入"BiliOB 观测者"网站的"UP 主查询"界面，在搜索框内输入 UP 主的昵称，如"绵羊料理"，如图 9-47 所示。

步骤 02　网页刷新完毕，UP 主即可单击"绵羊料理"卡片，如图 9-48 所示。

步骤 03　进入 UP 主详情界面，可在此界面查询其他 UP 主的信息，如"基本"栏目下的"作者简介""UP 主最新数据""UP 主排名数据"等，如图 9-49 所示。

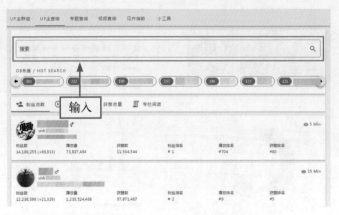

图 9-47　"UP 主查询"界面

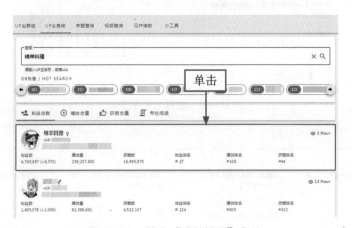

图 9-48　单击"绵羊料理"卡片

图 9-49　UP 主详情界面

步骤 04 此外，在该界面还能查询"UP 主历史数据""历史变化速率""粉丝变化效率""投稿量""播放量"等数据，如图 9-50 所示。

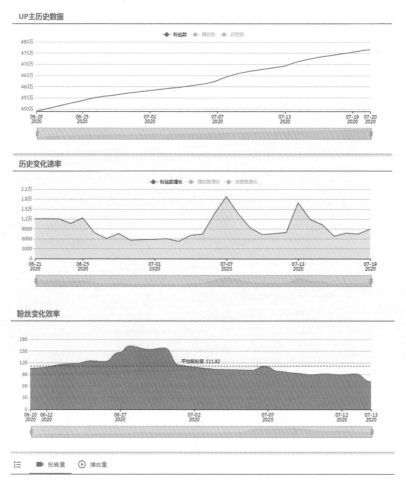

图 9-50 查询更多数据

第 10 章

超级营销：提升 200% 转化

学前提示

　　为什么要做短视频？对于这个问题，许多人最直接的想法就是借助短视频赚到一桶金。

　　确实，短视频是一个潜力巨大的市场。但是，它同时也是一个竞争激烈的市场。所以，要想在短视频中变现，轻松赚到钱，运营者还得掌握一定的变现技巧。

要点展示

- 电商广告变现，销量等于收入
- 借助粉丝变现，内容引导用户
- 利用 IP 变现，体现人物价值

10.1 电商广告变现，销量等于收入

对于短视频运营者来说，短视频最直观、最有效的盈利方式当属用电商或广告变现了。借助短视频平台销售产品，只要有销量，就有收入。具体来说，用电商或广告变现主要有 4 种形式，本节笔者将分别进行解读。

10.1.1 商业广告变现，巧妙植入品牌

广告变现是目前短视频领域最常用的商业变现模式，一般是按照粉丝数量或者浏览量进行结算的，广告形式通常为流量广告或者软广告，将品牌或产品巧妙地植入到短视频中，来获得曝光。

1. 流量广告

流量广告是指将短视频流量通过广告手段实现现金收益的一种商业模式。流量广告变现的关键在于流量，而流量的关键在于引流和提升用户黏性。例如，抖音作品分成计划就是一种流量广告变现模式，是指在原生短视频内容的基础上，抖音平台利用算法模型来精准匹配与内容相关的广告。

流量广告变现适合拥有大流量的短视频账号，这些账号不仅拥有足够多的粉丝关注，而且他们发布的短视频也能够吸引大量的观众观看、点赞和转发。

创作者需要开通作品分成计划权限后才能看到入口，具体路径为"我—创作者服务中心—作品分成计划"，如图 10-1 所示。流量广告的变现方式为流量分成，平台会依据视频数、播放量和互动量等因素来评估参加作品分成计划的视频授权收益。

图 10-1 作品分成计划的入口路径和主界面

抖音平台的流量广告包括下面 3 种展现形式。

（1）开屏广告。在抖音平台上，企业可以通过"抖音开屏"广告来大面积

地推广品牌或产品，广告会在用户启动抖音时的界面进行展示，是在抖音做营销的第一入口，视觉冲击力非常强，能够强势锁定新生代消费主力。

（2）信息流广告。广告的展现渠道为抖音信息流内容，竖屏全屏的展现样式更加原生态，可以给观众带来更好的视觉体验，同时通过账号关联来强势聚集粉丝。信息流广告不仅支持分享、传播，还支持多种广告样式和效果优化方式。

（3）抖音挑战赛。广告的展现渠道为抖音挑战赛形式，完成品牌曝光。通过挑战赛话题的圈层传播，吸引更多的用户主动参与，并有效地将用户引导至天猫旗舰店，形成转化。

2. 浮窗 Logo

浮窗 Logo 也是短视频广告变现形式的一种，即在短视频内容中悬挂品牌标识，这种形式在网络视频或电视节目中经常可以见到。浮窗 Logo 广告变现适合为品牌定制广告的创作者，以及品牌推广运营机构。

浮窗 Logo 广告不仅展现时间长，而且不会过多地影响观众的视觉体验。创作者可以通过一些后期短视频处理软件，将品牌 Logo 嵌入到短视频的角落中。

3. 贴片广告

贴片广告是通过展示品牌本身来吸引大众注意的一种比较直观的广告变现方式，一般出现在视频的片头或者片尾，紧贴着视频内容。贴片广告的制作难度比较大，同时还需要媒体主自身有一定的广告资源，适合一些有粉丝的短视频机构媒体。

创作者可以入驻一些专业的自媒体广告平台，这些平台会即时推送广告资源，创作者可以根据自己的视频内容选择是否接单。同时，平台也会根据创作者的行业属性、粉丝属性、地域属性和档期等，为其精准匹配广告。

短视频贴片广告的优势有很多，这也是它比其他广告形式更容易受到广告主青睐的原因，其具体优势如下。

- 明确到达：想要观看视频内容，贴片广告是必经之路。
- 传递高效：和电视广告相似度高，信息传递更丰富。
- 互动性强：由于形式生动立体，互动性也更加有力。
- 成本较低：不需要投入过多的经费，播放率也较高。
- 可抗干扰：广告与内容之间不会插播其他无关内容。

4. 品牌广告

品牌广告的意思就是以品牌为中心，为品牌和企业量身定做专属广告。这种广告形式从品牌自身出发，完全是为了表达企业的品牌文化、理念而服务，致力于打造更自然、更生动的广告内容。

短视频品牌广告在内容上更加专业，要求创作者具有一定的剧本策划、导演技能、演员资源、拍摄设备和场景、后期制作等资源，因此其制作费用相对而言比较昂贵，适合一些创作能力比较强的短视频团队。

与品牌广告其他形式的广告方式相比，其针对性更强，受众的指向性也更加明确。品牌广告的基本合作流程如下。

（1）预算规划：广告主进行广告预算规划，选择广告代理公司和短视频团队，进行沟通意向。

（2）价格洽谈：广告主明确地表达自己的推广需求，根据广告合作形式、制作周期以及达人影响力等因素与合作方商谈价格。

（3）团队创作：广告主需要和短视频团队充分沟通品牌在短视频中的展现形式，以及确认内容、脚本和分镜头等细节创作。

（4）视频拍摄：短视频团队在实际拍摄过程中，广告主或代理公司需要全程把控，避免改动风险，抓牢内容质量。

（5）渠道投放：将制作好的短视频投放到指定渠道，吸引粉丝关注，并进行效果量化和评估等工作，以及后期的宣传维护。

5. 视频植入

在短视频中植入广告，即把视频内容与广告结合起来，一般有两种形式：一种是硬性植入，不加任何修饰地硬生生地植入视频之中；另一种是创意植入，即将视频的内容、情节很好地与广告理念融合在一起，不露痕迹，让观众不容易察觉。相比较而言，很多人认为第二种创意植入的方式效果更好，而且接受程度更高。

视频广告植入变现的适合人群同品牌广告一样，都是需要有一定的短视频创作能力的。

在视频领域中，广告植入的方式除了可以从"硬"广和"软"广的角度划分，还可以分为台词植入、剧情植入、场景植入、道具植入、奖品提供以及音效植入等植入方式，具体方法如下。

（1）台词植入：视频主人公通过念台词的方法直接传递品牌的信息、特征，让广告成为视频内容的组成部分。

（2）剧情植入：将广告悄无声息地与剧情结合起来，如演员收快递时，吃的零食、搬的东西以及逛街买的衣服等，都可以植入广告。

（3）场景植入：在视频画面中通过一些广告牌、剪贴画、标志性的物体来布置场景，从而吸引观众的注意。

（4）道具植入：让产品以视频中的道具身份现身，道具可以包括很多东西，比如手机、汽车、家电、抱枕等。

（5）奖品植入：很多自媒体人或者网红为了吸引用户的关注，让短视频传播的范围扩大，往往会采取抽奖的方式来提升用户的活跃度，激励他们点赞、评论、转发。他们不仅可以在视频内容中提及抽奖信息，同时也可以在视频结尾处植入奖品的品牌信息。

（6）音效植入：用声音、音效等听觉方面的元素对受众起到暗示作用，从而传递品牌的信息和理念，达到广告植入的目的。比如各大著名的手机品牌都有属于自己独特的铃声，使得人们只要一听到熟悉的铃声，就会联想到手机的品牌信息。

10.1.2 开课招收学员，打造付费课程

对于部分自媒体和培训机构来说，可能他们自身是无法为消费者提供实体类的商品的。那么，是不是对于他们来说，短视频平台的主要价值就是积累粉丝，进行自我宣传的一个渠道呢？

很显然，短视频平台的价值远不止如此，只要自媒体和培训机构拥有足够的干货内容，同样是能够通过短视频平台获取收益的。比如，运营者可以在抖音短视频平台中通过开设课程招收学员的方式，借助课程费用赚取收益。

如图 10-2 所示，为"全网红说"抖音账号的商品橱窗界面，可以看到其列出了短视频直播技巧以及攻略的课程，其他抖音用户只需点击进入，便可以花费598 元购买 VIP 年度会员短视频直播教学的课程。很显然，这便是直接通过开设招收学员的方式来实现变现的。

图 10-2   "全网红说"抖音账号的商品橱窗界面

10.1.3 提供有偿服务，同样获得收益

有的短视频账号既不能为消费者提供实体类的商品，也没有可供开设课程的干货内容，那么，这一类短视频账号该如何进行变现呢？其实，如果能够在短视频平台中提供有偿服务，同样也是能够获得收益的。提供有偿服务这种变现方式适合一些传统的 O2O 类型的商家，在自己的业务范围或技能领域内，可以通过短视频为周边的用户提供生活上的帮助或服务。

10.1.4 电商平台卖货，展示出售商品

以微信视频号为例，部分微信视频号运营者本身在电商平台上开设了自己的店铺，或者拥有自己的电商平台。

那么，对于这部分微信视频号运营者来说，便可以在发布的微信视频号内容中展示自家的商品，并通过微信公众号链接电商平台，让微信视频号用户前往电商平台购买商品。具体来说，微信视频号用户在看到这一类微信视频号销售信息时，可以通过以下步骤进入电商平台购买商品。

步骤 01 找到展示商品的视频号视频，点击视频下方的微信公众号链接，如图 10-3 所示。

步骤 02 进入对应的公众号界面，可以看到该公众号文章中列出了来自与微信视频号同名的微信小程序的商品。在该界面中选择需要购买的商品，如图 10-4 所示。

图 10-3 点击微信公众号链接

10-4 选择需要购买的商品

步骤 03　进入小程序的商品详情界面，点击"立即购买"按钮，如图 10-5 所示。

步骤 04　进入微信小程序的"结算"界面，在该界面中填写相关信息，点击"提交"按钮，便可以完成下单，如图 10-6 所示。微信视频号用户下单之后，微信视频号用户便可以通过对应商品的销售获得收益了。

图 10-5　商品详情界面

图 10-6　"结算"界面

10.2　借助粉丝变现，内容引导用户

短视频平台拥有巨大的流量，而对于运营者来说，将吸引过来的流量进行变现，借助粉丝力量变现也不失为一条不错的生财之道。

借助粉丝力量变现的关键在于吸引用户观看你的抖音短视频，然后通过短视频内容引导用户，从而达到自身的目的。

一般来说，借助粉丝力量变现主要有将流量引至实体店、通过直播获取礼物、打造社群寻找商机、让粉丝流向其他平台 4 种方式，这一节笔者将分别进行解读。

10.2.1　线上引至线下，用户到店打卡

以抖音为例，用户都是通过抖音短视频 App 来查看线上发布的相关短视频，而对于一些在线上没有店铺的运营者来说，要做的就是通过短视频将线上的用户引导至线下，让用户到店打卡。

如果运营者拥有自己的线下店铺，或者有跟线下企业合作，则建议大家一定

要认证 POI，这样可以获得一个专属的唯一地址标签，只要能在高德地图上找到你的实体店铺，认证后即可在短视频中直接展示出来。

运营者及其他用户在上传视频时，如果给视频进行了定位，那么只要点击定位链接，便可查看店铺的具体信息和其他用户上传的与该地址相关的所有视频。除此之外，抖音运营者将短视频上传之后，附近的用户还可在同城板块中看到你的抖音短视频。用户再利用 POI 功能的指引，便可以有效地将附近的用户引导至线下实体店。具体来说，其他用户可以在同城板块中通过如下操作了解线下实体店的相关信息。

步骤 01 登录抖音短视频 App，在"首页"的视频播放界面中点击城市名按钮，如图 10-7 所示。

步骤 02 进入同城板块，在该板块中可以看到同城的直播和短视频，用户可以点击想要观看的短视频，如图 10-8 所示。

图 10-7　点击城市名按钮

图 10-8　点击短视频

步骤 03 进入抖音短视频播放界面后，如果抖商运营者的店铺位置进行了 POI 认证，其抖音短视频下方便会出现 图标，用户点击 图标便可以查看对应位置，如图 10-9 所示。

步骤 04 操作完成后，便可查看该店铺的相关信息，如图 10-10 所示。除此之外，抖音用户还可直接点击界面中的定位，借助导航功能直接去线下实体店打卡。

运营者可以通过 POI 信息界面，建立与附近粉丝直接沟通的桥梁，向他们推荐商品、优惠券或者店铺活动等，从而有效地为线下门店导流，同时能够提升转化效率。

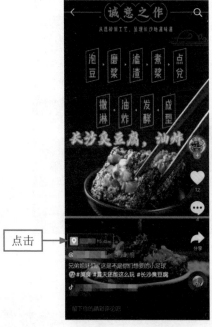

图 10-9　点击 图标

图 10-10　查看店铺所在位置

POI 的核心在于用基于地理位置的"兴趣点"来链接用户痛点与企业卖点，从而吸引目标人群。大型的线下品牌企业还可以结合抖音的 POI 与话题挑战赛进行组合营销，通过提炼品牌特色，找到用户的"兴趣点"来发布相关的话题，这样可以吸引大量感兴趣的用户参与，同时让线下店铺得到大量曝光，而且精准流量带来的高转化也会为企业带来高收益。

例如，"长沙海底世界"是一个非常好玩的地方，许多长沙地区的人都会将其作为节假日的重点游玩选项。基于用户的这个"兴趣点"，"长沙海底世界"在抖音上发起了"# 长沙海底世界"的话题挑战，并发布一些带 POI 地址的景区短视频，对景区感兴趣的用户看到话题中的视频后，通常都会点击查看，此时进入到 POI 详情页即可看到长沙海底世界的详细信息，如图 10-11 所示。

在抖音平台上，只要有人观看你的短视频，就能产生触达。POI 拉近了企业与用户的距离，在短时间内能够将大量的用户引导至线下，方便了品牌进行营销推广和商业变现。而且 POI 搭配话题功能和抖音天生的引流带货基因，同时也让线下店铺的传播效率和用户到店率得到提升。

图 10-11 "话题+POI"营销示例

10.2.2 利用从众心理，直播获取礼物

对于那些有直播技能的主播来说，最主要的变现方式就是通过直播来赚钱了。粉丝在观看主播直播的过程中，可以在直播平台上充值购买各种虚拟礼物，在主播的引导或自愿情况下打赏给主播，而主播则可以从粉丝打赏的礼物中获得一定的比例提成收入。

直播在许多人看来就是在玩，毕竟大多数直播都只是一种娱乐。但是，不可否认的一点是，只要玩得好，玩着玩着就能把钱给赚了。因为主播们可以通过直播，获得粉丝的打赏，而打赏的这些礼物又可以直接兑换成钱。

当然，要做到这一点，首先需要主播拥有一定的人气。这就要求主播自身要拥有某些过人之处，只有这样，才能快速积累粉丝数量。

其次，在直播的过程中，还需要一些所谓的"水军"进行帮衬。这主要是因为很多时候人都有从众心理，所以，如果有"水军"带头给主播送礼物时，其他人也会跟着送，这就在直播间形成了一种氛围，让看直播的其他受众在压力之下，因为觉得不好意思，或是觉得不能白看，也跟着送礼物。

10.2.3 打造微信社群，寻找更多商机

以抖音为例，在抖音短视频平台上运营一段时间之后，随着知名度和影响

力的提高，如果你在抖音中留下了微信等联系方式，便会有人开始申请加你为好友。

如图 10-12 所示，为某抖音号运营者的微信好友申请界面，大家可以看到其中便有很多人是来自于抖音平台的。

我们可以好好利用这些来自抖音的人群，从中寻找商机。比如，这些来自抖音的人群都会有具体的需求，有的人是想学习抖音是如何运营的，有的人是想学习如何做营销的。

对此，我们可以根据人群的具体需求进行分类，然后将具有相同需求的人群拉进同一个微信群，构建社群，并通过社群的运营寻找更多商机。如图 10-13 所示，为某抖音号运营者创建的书友密训会微信群。

图 10-12　微信好友申请界面

图 10-13　书友密训会微信群

10.2.4　导流其他平台，持续贡献价值

以抖音为例，部分抖商可能同时经营多个线上平台，而且抖音还不是其最重要的平台。对于这一部分抖商来说，通过一定的方法将抖音粉丝引导至特定的其他平台，让抖音粉丝在目标平台中发挥力量就显得非常关键了。

一般来说，在抖音中可以通过两种方式将抖音用户引导至其他平台：一是通过链接引导；二是通过文字、语音等表达进行引导。通过链接导粉比较常见的方式就是在视频或直播中将销售的商品插入其他平台的链接，此时，抖音用户只需点击链接，便可进入目标平台，如图 10-14 所示。

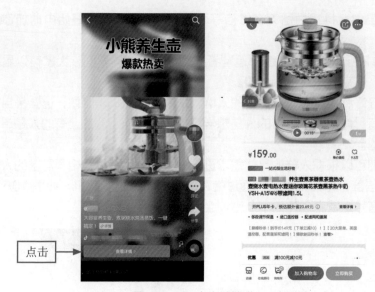

图 10-14　点击链接进入目标平台

　　而当抖音用户进入目标平台之后，运营者则可以通过一定的方法，如发放平台优惠券，将用户变成目标平台的粉丝，让用户在该平台上持续贡献购买力。通过文字、语音等表达进行引导的常见方式就是在视频、直播等过程中，简单地对相关内容进行展示，然后通过文字、语音将对具体内容感兴趣的用户引导至目标平台。

10.3　利用 IP 变现，体现人物价值

　　如果短视频内容无法变现，就像是"做好事不留名"，在商业市场中，这种事情基本上不会发生，因为盈利是商人最本质的特征，同时也是最能体现人物IP 的价值所在。如今，大 IP 的变现方式多种多样，本节主要介绍一些常见的 IP变现方法。

10.3.1　个人多向经营，实现 IP 增值

　　运营者要把个人 IP 做成品牌，当粉丝达到一定数量后可以向娱乐圈发展，如拍电影电视剧、上综艺节目以及当歌手等，实现 IP 的增值，从而更好地进行变现。如今，短视频平台上就有很多"网红"进入娱乐圈发展。

10.3.2　名气承接代言，赚取广告费用

　　当运营者的短视频账号积累了大量粉丝，账号成了一个知名度比较高的 IP

之后，可能就会被邀请做广告代言。此时，运营者便可以赚取广告费的方式，进行 IP 变现。短视频中通过广告代言变现的 IP 还是比较多的，它们共同的特点就是粉丝数量多，知名度高。

10.3.3　出版图书盈利，实现内容变现

图书出版主要是指运营者在某一领域或行业经过一段时间的经营，拥有了一定的影响力或者有一定的经验之后，将自己的经验进行总结后，进行图书出版，以此获得收益的盈利模式。

短视频原创作者采用出版图书这种方式获得盈利，只要短视频运营者本身有基础与实力，那么收益还是很可观的。

例如，抖音号 Shawn Wang 的号主王肖一便是采取这种方式获得盈利的。王肖一通过抖音短视频的发布，积累了 30 多万粉丝，成功地塑造了一个 IP，如图 10-15 所示为"Shawn Wang"的抖音个人主页。

因为多年从事摄影工作，王肖一结合个人实践编写了一本无人机摄影方面的图书，如图 10-16 所示。

图 10-15　Shawn Wang 的抖音个人主页　　图 10-16　王肖一编写的摄影书

该书出版之后短短几天，单单"Shawn Wang"这个抖音号售出的数量便达到了几十册。由此不难看出其受欢迎程度。而这本书之所以如此受欢迎，除了内容对读者有吸引力之外，与王肖一这个 IP 也是密不可分的，部分抖音用户就是冲着王肖一这个 IP 来买书的。

另外，当你的图书作品火爆后，还可以通过售卖版权来变现，小说等类别的

图书版权可以用来拍电影、拍电视剧或者网络剧等，这种收入相当可观。当然，这种方式可能比较适合那些成熟的短视频团队，如果作品拥有了较大的影响力，便可进行版权盈利变现。

10.3.4　转让账号获益，适合原创账号

在生活中，无论是线上还是线下，都有转让费存在的。而这一概念随着时代的发展，逐渐有了账号转让的存在。同样的，账号转让也是需要接收者向转让者支付一定费用的，就这样，最终使得账号转让成为获利变现的方式之一。

以抖音为例，对于抖音平台而言，由于抖音号更多的是基于优质内容发展起来的，因此，抖音号转让变现通常比较适合发布了较多原创内容的账号。

如今，互联网上关于账号转让的信息非常多，在这些信息中，有意向的账号接收者一定要慎重对待，不能轻信，且一定要到比较正规的网站上进行操作，否则很容易上当受骗。

例如，新媒易新媒平台便提供了抖音账号的转让服务，如图10-17所示为"抖音号交易"界面。

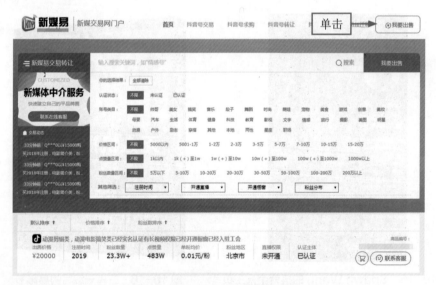

图10-17　"抖音号交易"界面

如果运营者想将自己的抖音账号转让，只需单击"抖音号交易"界面的"我要出售"按钮，便可进入"我的出售"界面，如图10-18所示。填写相关信息，单击"立即发布"按钮，即可发布账号转让信息。转让信息发布之后，只要售出，抖音电商运营者便可以完成账号转让变现。

当然，在采取这种变现方式之前，运营者一定要考虑清楚。因为账号转让相

当于是将账号直接卖掉，一旦交易达成，运营者将失去账号的所有权。如果不是专门做账号转让的运营者，或不是急切需要进行变现，笔者不建议采用这种变现方式。

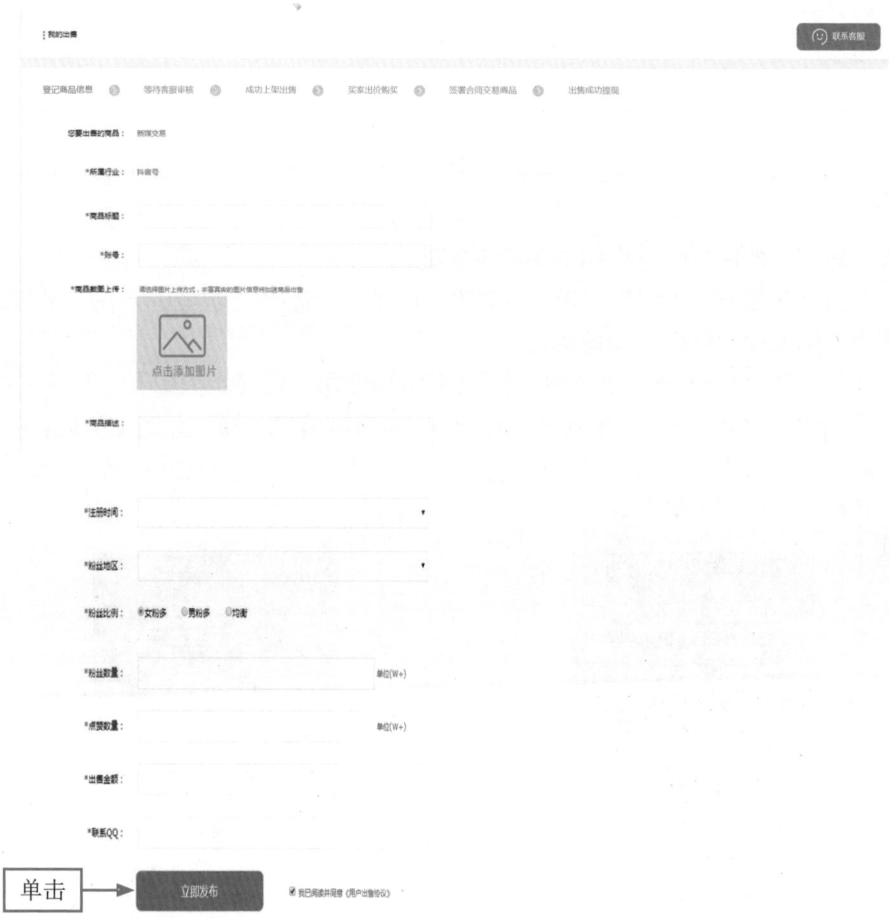

图 10-18 "我的出售"界面

10.3.5 博主带货卖货，根据账号定位

带货卖货这种变现方式是比较常见的，我们比较熟知的李佳琦、薇娅等网红"大 V"就是通过直播带货赚取收益的。

以微信视频号为例，虽说微信视频号现在还没有直播功能，但是还是可以进行带货卖货，即将自己带货卖货的短视频事先剪辑处理好，然后发布在视频号上，让用户在观看视频的时候对商品产生兴趣，然后购买该商品。

当你的视频号有一定的粉丝基础之后，就会有品牌方找你为他们的品牌带货，然后给你广告费，这是一种比较理想的带货变现方式。运营者可以根据自己视频号的账号定位来选择带货的商品，一般符合视频号定位的商品售卖效果会更好，效果好才能得到其他同种类型客户的青睐，从而有更多的广告主愿意在你的视频号上投放广告。

10.3.6　DOU+ 功能变现，给短视频加热

DOU+作品推广功能，是一种给短视频加热，让更多抖音用户看到短视频的功能。简单地理解，其实质就是抖音运营者通过向抖音平台支付一定的费用，花钱买热门，把短视频推广给更多用户看到。

在抖音短视频 App 中，有两种使用 DOU+作品推广功能的方法，即在个人主页使用和在视频播放页使用。

例如，DOU+作品推广功能在视频播放页使用，具体步骤如下。

步骤 01　打开需要推广的短视频，点击界面中的 ➡ 按钮，如图 10-19 所示。

步骤 02　操作完成后，界面中将弹出一个对话框，点击对话框中的"帮上热门"按钮，如图 10-20 所示。

图 10-19　点击 ➡ 按钮

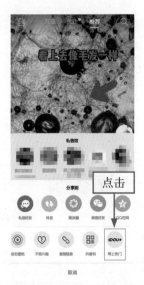

图 10-20　点击"帮上热门"按钮

步骤 03　操作完成后，进入 DOU+作品推广界面。抖音运营者只需支付对应的费用，便可以借助 DOU+作品推广功能进行推广引流，提高视频的变现能力了。